MW01611088

TO ANDREA &
THANK YOU FOR
THE INSPIRATION ..

LOTS OF LOVE

PODEROSA
AVENTURA
AL CENTRO
DE TU SER

LINAY. ♡ x

PODEROSA AVENTURA AL CENTRO DE TU SER

UN MÁGICO VIAJE AL ENCUENTRO CON LA DIVINIDAD DE TU NIÑO INTERIOR

LINA PULGARÍN

Título: Poderosa aventura al centro de tu ser
© 2020. LINA PULGARÍN
Primera edición mayo de 2020

ISBN: 978-1-8380285-0-3

Ilustración de portada: Kit Burden
@kitconcepts (*instagram*)
Fotografías de Lina: Christian Camilo Diaz
@camilodiaz (*instagram*)
christiancamilo.diaz@hotmail.com (email)
Maquetación: Publicatú
www.facebook.com/plataformapublicatu

ÍNDICE

Este libro va dedicado a todos aquellos que creyeron, creen y creerán en mí, no por lo que soy, sino por la seguridad de quien nací para ser, a DIOS, a quien alumbró mi camino con amor y sin juzgarme, quien me insistió una y otra vez que escribiera sin miedo que él mantendría mi mano fuerte, quien me secó las lágrimas en los momentos de duda y que me arrullaba en sus brazos cuando me sentía cansada y sin inspiración, quien me envió sus ángeles de amor y luz para que me cuidaran y me mantuvieran firme en mi propósito.

A MI NIÑA INTERIOR:

Quien en vez de lamentarse por las lágrimas derramadas mientras escribía, creció y se manifestó fuerte y agradecida, no por abandonar la infancia que dejaba sino por la madurez a la que despertaba y se adentraba segura en cada uno de los pedazos de estos escritos.

A MI FAMILIA:

A mi madre, María Edilia, quien se transformó en un ángel de luz, guiándome desde el mismísimo cielo, inspirándome a ser mejor cada día, a confiar en el tiempo correcto, a soltar para *alivianar* mi corazón, y a que sea luz para los demás como ella lo fue, es y seguirá siendo.

A mi padre, Ángel Arturo, mi ángel en la tierra, que con su ejemplo, sonrisa y su canto me ha llenado el alma, a quien agradezco su confianza e insistencia porque no me fallara a mí misma ni a ti ni al mundo entero, quien me ha dejado su legado de ser músico, poeta y loco.

A mis hermanos, José Uriel y María Inés, mis mentores y casi padres, quienes me guiaron con esmero y cuidados, Blanca Aleyda y Héctor Fabio, mis compinches de *pilatunas* y aventuras, mis sobrinos y sobrinas quienes han sido mis compañeros de viaje en este encuentro con la vida y a quienes amo profundamente y hasta el infinito, quienes por fuertes que fueran los vientos, me han construido un camino para recorrer con la frente en alto y un corazón agradecido.

A los ángeles del cielo y la tierra quienes me reafirmaron en cada minuto que nacemos con la chispa y la energía suficiente para encender el mundo, para ser cada vez mejores, para lograr nuestros propósitos y trascender, quienes me ayudan a diario a vivir con alegría con pasión y mirarme primero adentro antes de atreverme a criticar a alguien.

A todos esos libros, a la biblia, que es un manual de vida del cual estoy aprendiendo, a esos autores que se convirtieron en mis mentores a Wayne a Louise, quienes me inspiraron para encontrar la paz dentro de la guerra incansable entre mi yo y mi ego, para tener el valor de decidir quién era y en quien me quería convertir.

A MIS TRES GRANDES AMORES:

A mi esposo, Wilfredo Díaz, quien me ha acompañado por más de la mitad de esta aventura que se llama vida, a ese ser perfectamente imperfecto cuyo niño interior conocí en este proceso, que ha madurado conmigo, reído conmigo, soñado conmigo y quien ha sido mi amigo, mi soporte y sobre todo uno de mis más grandes maestros, quien me ha ayudado a crecer hasta encontrar esa escritora iluminada que soy hoy.

A MIS HIJOS:

Christian Camilo y Alejandro, mis dos incansables y dulces inspiraciones, mis guerreros vencedores quienes me escogieron como madre para venir a compartir esta experiencia, quienes me dieron vida al nacer, porque en realidad dando a luz, vi la luz, porque siendo madre comprendí que es una tarea de por vida y que con su nacimiento nací cada día un poco más.

A mi Nikki porque es el reflejo de mi juventud, porque me muestra con su sonrisa que todavía queda mucho por vivir y todos los días son buenos para bailar y ser feliz.

A Zeus, nuestro maestro mutuo quien nos enseña que las apariencias no son siempre necesarias, quien es hermoso por fuera y por dentro y quizá quienes lo vean lo contemplen con miedo, pero cuando se le acercan saben que se derrite de amor por una caricia.

A mi Marisol Márquez Cifuentes, mi sol, por haber llegado a ser un sol en mi vida en el momento que más necesitaba, gracias infinitas.

A FELI GARCÍA BERNAL:

Por creer en mí, por haberme confiado su tiempo y su amor incondicional, a mis compañeros de escritura, por coincidir en este hermoso proceso.

A SERGIO BONAVIDA PONCE:

Mi editor, por la intención y la paciencia para plasmar con alegría y elocuencia estas palabras.

A KIT BURDEN:

Por ayudarme a trasmitir con exactitud la imagen que tenía guardada en mi corazón y dejarla salir a darle color a mi portada.

A TI:

Amigo, amiga mía, a quien han llegado como legado estas palabras, a ti porque mi deseo de llegar a conectarme contigo donde quiera que te encuentres me ha impulsado a superar cada día mis miedos, vencer mis angustias, retornar a mi verdadera naturaleza y a entender que por más separados que creamos estar, somos uno y ese uno forma parte de un todo, que no tenemos escapatoria, que seguiremos unidos hasta la eternidad y que mientras más rápido perdonemos y aprendamos a reconocer que estamos aquí para equivocarnos, lograremos pasar a otros niveles, a otros peldaños de la existencia.

Mi agradecimiento es más que infinito por permitirme entrar a tu vida, por encontrarte para compartir, para sanar, para tomarnos de la mano y así podernos adentrar a lo desconocido, pero sabiendo que juntos podremos lograrlo todo.

Gracias por ser mi inspiración donde quiera que estés, por ser mi motor diario, por ser parte de mi ayer, mi hoy y mi siempre.

No importa si estás en la China, la India, en la Patagonia o quizá en una isla remota y poco conocida, tú también has sido mi inspiración y este es nuestro logro.

Con amor infinito.

LINA PULGARÍN
@LINALOVE_X

Querido Lector:

Este libro es un gran regalo para despertar tu conciencia, una obra maestra para avivar tus sentidos y elevar tu espíritu, no tengas miedo de transitar por la vida y sus experiencias, es necesario perderse para poder encontrar el camino a tu verdad.

Como bien dice la autora, en este libro encontrarás prácticos consejos para crear una reacción en cadena, para reinventarte si lo deseas, para decirte que vuelvas a creer en tus capacidades, que te ames, que cantes, escribas, inclusive que si no tienes un motivo te lo inventes, crea tu historia, dale postura a tu existencia.

Esta obra es un canto a la vida, una experiencia sublime de tu alma, despierta.

Léelo con atención, tienes en tus manos la llave de la puerta que te abre el cielo, que te aleja del sufrimiento y te libera de tu ego, no dejes de aprovechar esta oportunidad de evolucionar y crecer, no es casualidad que este libro haya caído en tus manos, la autora, guerrera de la luz, no usa espadas, usa este libro como canal que pone dios en tus manos para ver tu propia inmensidad, tu grandeza, la divinidad que hay en ti.

Lina, dulce sensible y bello ser de luz, te va a acompañar en este viaje de autodescubrimiento, necesario para volver a tu estado natural de paz y serenidad, te guiará amorosamente para que recuerdes quien eres de verdad, tu brillo, tu luz.

¡Gracias, gracias, gracias!

Feli García Bernal

Sé que parece imposible encontrarse a sí mismo, es normal, negándote a ver la divinidad que hay en ti, has vivido con tanta luz por tantos años atrapada en la maraña de tus miedos, pareciendo que no existe más que eso, oscuridad e incertidumbre porque tristemente eso nos ha dejado la historia.

Pero hoy estoy aquí para decirte, ayudarte a descubrir o más bien a recordarte cuán brillante eres, tanto que si no estuvieras envuelto en ese cascarón llamado piel, brillarías de tal manera que podrías iluminar el mundo entero, pero mi pregunta es:

¿Temes? ¿A qué temes? ¿A ti mismo? Piensas en todo lo que eres y lo que sabes, pero no sabes el porqué, no conoces su uso, no sabes a ciencia cierta cómo manifestar tu poder, cómo administrarlo, pero cómo podrías saberlo si ni siquiera sabes de dónde vienes ni como llegaste hasta aquí.

Recuerdas cuando jugabas y te sentías grande, haciendo de tu vida lo que deseabas en ese momento, muchas veces fuiste médico, arquitecto, astronauta, creando sin cesar un mundo nuevo para ti, no temías ser libre, no tenías miedo de soñar, algo dentro de ti te gritaba incesante dándote una y otra vez señales de que aunque fueras aún pequeño en ese cuerpo de carne que estaba en vía de desarrollo ya eras grande en espíritu.

Con esta mi pequeña confrontación o más bien invitación a que vuelvas a ti, quiero decirte, que si sigues atando cabos lo entenderás, volverás a tener las ilusiones de tu infancia, a construir castillos y vestirte de hada o de caballero, a lucir como en los cuentos con trajes de luces como te gustaba, a bailar bajo la lluvia, ya sea de estrellas o una tarde de abril, a recordar con alegría esas mañanas donde te despertabas aun volviendo de mundos indescriptibles, ese eras tú: «¡Ese eres tu!». Te aseguro que aunque haya pasado el tiempo, todavía puedes sentirlo, no importa que haya sucedido, tú puedes creértelo.

Muchos de nosotros, por no decir la mayoría nos negamos a pensar, que si recopiláramos las emociones de esos sueños que nos hacían vibrar, volveríamos a creer, no solo en nosotros sino también en las capacidades que poseemos para hacer sin límite, por nuestros semejantes amigos, gente que amamos y más aún por la cantidad de personas que estás destinado a impactar a lo largo de esta poderosa existencia, ese es y siempre ha sido tu destino.

Aquí encontrarás prácticos consejos para crear una reacción en cadena, para reinventarte si lo deseas, para decirte que vuelvas a creer en tus capacidades, que te ames, que cantes, escribas, inclusive que si no tienes un motivo te lo inventes, crea tu historia, dale postura a tu existencia, cuantas experiencias te faltan por compartir, cuantos colores nuevos saldrán de tus acuarelas, prestos a pintar un mundo nuevo, colorido para que puedas recorrerlo, repleto de alegría, acompañado de tus seres queridos, por esos paisajes maravillosos de tu inspiración.

Vivimos en un mundo en el que se nos da poco crédito por lo que somos, se nos califica por títulos y años de estudios que nos regalan un cartón que se envejece primero que nosotros, así que muchos que no queremos esas imposiciones de la sociedad, decidimos dejarlo así, te hablo desde mi experiencia.

Pero este momento contigo mismo o más bien este reencuentro será clave, brotarás de los escombros como la mismísima ave fénix, renacerás de entre las cenizas y de tus viejas creencias, para brillar y emprender un nuevo vuelo, tan alto como te lo propongas ya que estarás tan liviano, libre de cargas y lo mejor, lo harás por ti, porque lo mejor es que reconocerás esa fuerza dentro de ti, que yacía olvidada.

Te repito, no será fácil, sé que se presentarán obstáculos y más aún algunas veces serás tú mismo quien los invente, pero recuerda que todo será fruto de tu imaginación.

Así pues que te invito a caminar, por fe, si todo lo que aprendiste hasta ahora te ha devuelto en tu evolución, solo significa una cosa, estabas yendo por el camino equivocado y más aún dependiendo del recorrido que hayas atravesado, te sentirás cansado de volver a empezar, tal vez hasta te darás golpes de pecho por todas las oportunidades que dejaste pasar, pero si se te fueron como agua entre los dedos no pienses que fue por casualidad, simplemente no te pertenecían o quizás no estabas preparado para ello, recuerda que todo tiene su tiempo, su espacio, así que no empieces a quejarte, regañarte y menospreciarte, en su lugar piensa que te estabas preparando para algo mejor, para recibir y ahora estás listo para abrir tus manos, algo se forjaba en ti, se entretejía perfectamente, una metamorfosis lenta pero precisa se gestaba dentro de ti, transformando cada célula de tu ser, sé que has empezado a notar cambios desde hace tiempo y como yo has disimulado ante la gente el hecho de que estuviste y estás pasando por cambios, inclusive entre tus propias conversaciones internas lo notas, ya que a veces no entiendes tu diálogo porque salen a flote mitos y viejas creencias, percepciones erróneas sobre la vida, antiguas heridas que quizá nunca cerraron.

Pero hoy es otro día, mi querido amigo, a ti que me encontraste, te digo con todo el amor del mundo:

«ESTE AHORA ES TU AHORA»

Es lo más real y palpable que puedas tener, este instante, donde esos cambios de pensamientos y sentimientos empiezan a tener sentido, todo eso que llevas tiempo experimentando, sentimientos que algunas veces son lúcidos y amorosos y otras veces estás atravesando tormentas, esos conceptos sobre la vida, la razón de ser de tu esencia, tu espíritu, tus caídas y levantadas, tus fracasos y logros haciendo que tu cabeza esté revuelta, son naturales, tu confusión que te ha hecho dudar de tu propia divinidad es natural, todo hace parte del proceso.

No temas escuchar ni el susurro ni el rugido de tu interior, solo déjate fluir, déjate acariciar por ese viento divino desde tu interior, no habrá en ningún plano amigo más sincero y asertivo que Dios dentro de ti, recuerda que tú eres su extensión, deja que te corrija, que te dé fuerza para que no olvides quién realmente eres.

A medida que te adentres en tu refugio personal, surgirán más y más preguntas, sobre todo la más aterradora de todas, quizás por lo que estás leyendo este libro o quizás porque al final nos parecemos tanto, tanto, estamos unidos por el destino.

Así como tú, una de mis continuas preguntas ha sido: ¿quién soy? Y detrás de esa han venido más y más, como: ¿Por qué? ¿Por qué yo? ¿Cómo he llegado a ser parte de este engranaje de la vida? ¿Cómo sucedió?

Quizás solo sea el comienzo de tu propio descubrimiento, pero debes aceptarlo, llegaste con un hermoso propósito, te atreviste a adentrarte en un camino nuevo y conquistar un mundo lleno de accidentes, hasta que por fin sentiste ese llamado, eras tú mismo buscando de ti, era tu *yo verdadero*, tu *yo real*, la fuerza de tu espíritu manifestándose para que dejaras de vivir en amnesia, creyendo que no poseías carisma alguno, es hora de entender que aunque tropezaste con algunos seres y circunstancias que

23

fueron tus maestros, que te fueron imponiendo idealismos, que desviaron tu camino, hoy, de nuevo, si escuchas con el oído del amor, podrás escuchar el canto de los pájaros, abrirás tus sentidos a otros horizontes, quizá extrañándote y buscando más de ti, es ahí donde encontraras ese *switch* de tu corazón y allí empieces a entender tu búsqueda, eso sí: prepárate, no te sorprendas de lo que hallarás, así no lo creas la cantidad de luces que se encenderán desde ahora, serán tantas y brillando a tal magnitud, que no te alcanzarán los días para disfrutarlo, pero mi consejo es:

Que tengas fe, que te dejes llevar, que te mires a ti mismo con ojos de compasión, con cariño, con ternura, como la que una madre mira a su hijo y que tengas muy presente desde ya, que si este manuscrito llega a tus manos y que si una tan sola de estas tantas palabras hace eco en tu conciencia, es hora de volver a vivir, entonces te llevaré de la mano a recorrer este camino de mi viaje interior, para que juntos podamos recorrer nuevas experiencias, disfrutándolas y sacando el mejor provecho de ellas, dándole así comienzo a nuestro nuevo y dulce despertar.

Ahora es momento de empezar un nuevo capítulo, el mejor de todos, donde tu protagonismo será esa conciencia humana, esa que es la que nos hace acumular creencias, experiencias y empezar a poner carga sobre carga, a medida en que giramos alrededor de cualquier hecho, persona o sitio, muchos de ellos inexplicablemente marcan nuestra vida, o si queremos darle otro calificativo nuestro recorrido por esta existencia, enfocándonos en ellas, extrañamente en vez de recordar nuestros momentos felices, nos engañamos con ese pasado tormentoso y pesado, acumulando lágrimas, situaciones o circunstancias que cognitivamente le dan poder a ese dominante y pegajoso pasado, haciéndonos patinar una y otra vez en el mismo sitio, un camino sin destino o algo así, ahí es donde nos domina la pereza y muchos hasta habremos dicho, ya *¿para qué?*, y se presentan las excusas como: «estoy muy viejo, o estoy muy joven, o no tengo tiempo, o eso no es para mí». En fin, cualquier excusa es válida cuando uno quiere rendirse, algunos cansados de estar cansados, tiramos todo por la borda, eso como para librarnos de esa responsabilidad porque algunos empezaron a luchar y en mitad del camino, se rindieron o simplemente no siguieron buscando su chispa dejando todo caerse en el primer intento…

Que hermoso sería que dejáramos vernos realmente como somos y alimentáramos esa chispa que nos fue dada manifestándose en nosotros, la sabiduría para reclamar nuestro poder, salir del fango, de la incertidumbre y soltar, soltar esas cadenas que nos detienen a ser libres y que cuando descubrimos que ese fenómeno es natural, perdonando y desaprendiendo lo que erróneamente dejamos grabar en el disco duro de nuestra cabeza, somos más libres y andamos más livianos, capaces de crear mundos nuevos dejando que nuestra mente se convenza, de que a medida que pasa el tiempo *reseteamos*, en nuestra base de datos antigua y obsoleta el material inservible y que subconscientemente hemos dejado manipularnos.

Ya es hora, el único amigo que no perdona es el tiempo, puede ser justo, pero también implacable, te invito a que te subas firmemente los pantalones de la victoria y amarres tus zapatos, que cuando te deshagas de tantas cargas te faltaran pies para caminar, descubrir y unas alas bien grandes y fuertes para iniciar tu vuelo, quizá hasta desearías alargar cada minuto para disfrutarlo más: ¿no es así?

A veces no nos damos cuenta cuanto cargamos hasta que nos duele la espalda, el pecho, la vida entera, cuánto realmente nos pertenece o nos fue impuesto, que cosas nos regalaron, obligaron o fueron inquisitivamente marcadas por un destino, llenándonos de prejuicios, estamos tan fatigados y asqueados de tanta manipulación, no nos explicamos porque estamos más presos del miedo cuando más queremos soltar y empieza un diálogo interior, ¿cómo puedo hacer que esa negatividad, esas memorias, me sean de alguna utilidad para aprender de ellas?, ¿cómo puedo transformarlas y sanarlas para que a través de ellas seamos motivo de inspiración para el mundo?

Es difícil, lo sé y aún así estamos tan acostumbrados a traerlas a nuestro ahora, que se ha hecho automático, le damos tanto valor a las etiquetas que sin darnos cuenta, esas tan preciadas memorias le roban espacio a todo lo que en realidad necesitamos para crear un nuevo mundo.

Ahora, mi querida amiga, mi querido amigo, es momento de empezar un nuevo capítulo, el mejor de todos, donde tu protagonismo será inminente, vistiéndote de poder será inevitable creértelo, vaciando los bolsillos de tu pasado, sabiendo que eres el catalizador de tu propia vida, recuerda que son pocas y simples las cosas que vas a necesitar, una fórmula nueva y cantidades infinitas de tolerancia, más autoestima, más entendimiento, entusiasmo, carácter, sensibilidad, más iniciativa, más compasión, más sonrisas, sin dudas y definitivamente menos de esos fantasmas llenos de ironía, orgullo y lágrimas que nos atormentaron la vida en nuestros primeros años, aquellos donde supuestamente nos estábamos acoplando a este plano, en este tiempo es donde la receta de la vida debe ser alterada, con sobredosis de elementos que antes fueron suprimidos por miedo o quizá por falta de conocimiento, pero hoy el mundo necesita que más personas como tú y como yo, hagamos más uso de ellos, de sobredosis infinitas de amor, paciencia y silencio, en especial el último para acallar el ruido del mundo que cada vez grita más alto, también para que responda nuestras preguntas, después de todo somos curiosos por naturaleza y los mejores consejeros siempre serán el tiempo y el silencio para que en él encontremos la voz de lo más profundo y recóndito de nuestro interior con respuestas más adecuadas y más elevadas.

Pero… ¿Cómo continuar? ¿Cómo consigo alinear mis pensamientos y mis sentimientos? Pues si te has estado haciendo estas preguntas aquí tienes algunas ideas que me han sido de mucha ayuda.

PREGÚNTATE: ¿Cuál es el camino? Hazte una lista de lo que quieras saber, ¿dónde?, ¿cómo?, ¿cuándo?, recuerda refugiarte en el silencio, en la calma, ya que allí encontrarás discernimiento y esas respuestas que estás esperando saldrán a flote sin ningún esfuerzo, así como tú, yo también tuve, tengo y seguramente sé que tendré dudas, las preguntas no son nada nuevo, está bien preguntarse, no se puede vivir solo por vivir, mientras más surjan preguntas estaremos más cerca de la verdad, queremos saber el porqué de las cosas o de dónde venimos, son tantas y tantas las incógnitas que se nos cruzan por nuestra mente más que inquieta y volátil, tantas que algunos grandes filósofos la llamaron loca y no es para más, le caben tantas cosas, como si todo el universo estuviera sumergido en un lugar tan pequeño y tan remoto y a su vez tan infinitamente inmedible: ¿no es así?

Preguntas, eso es en lo que de ahora en adelante viviremos sumergidos, en un mundo de enigmas, algunas que no tendrán respuestas claras y lógicas, tales como: ¿cómo llegamos aquí?, ¿quién puede contestar esa pregunta?, nadie, no lo creo así, más fácil sería preguntarnos: ¿quiénes somos ahora?, o ¿quiénes queremos ser?, ¿cuál es ese sueño que queremos conquistar a toda costa en este libreto que se nos asignó de por vida?

A nosotros se nos impuso, desde la hora, cuándo dormir, comer, a qué sonidos responder, qué palabras utilizar teorías, símbolos, cómo reaccionar ante todos y cada uno de los hechos y lo peor, hasta que sentir, sin permiso para improvisar en esta obra, solo se nos entregó un manuscrito, para adaptarnos a reaccionar ante las memorias y vivencias de otros al pie de la letra, un papel tan diferente a lo que por derecho debió permitírsenos sentir y mientras más pasaba el tiempo nos acostumbramos a ser dirigidos dejándonos llevar como los peces de una fuerte marea y hasta el día de hoy, aun así cuando nos damos cuenta que es hora de desenmascarar nuestras sonrisas escondidas, cada vez que estamos frente al espejo y de sentirnos orgullosos de descubrir nuestro propio brillo o deslumbrarnos con la hermosura de nuestra reflexión y la luz de nuestra alma, no podemos sostenernos la mirada fija por mucho tiempo, me pasaba muy de seguido, hasta que me cansé y una mañana cualquiera me sostuve fijamente la mirada y me dije:

«HOY VOY A CONTEMPLARME MÁS
Y ME ELOGIARÉ POR
CADA PEQUEÑO LOGRO».

También adoptaré más la posición de estar más despierta a lo que me rodea para contemplarlo, empecé a denominar y admirar las cosas para darles un nuevo sentido, un nuevo significado, una nueva postura, cosas que antes eran comunes y corrientes casi sin gracia, ahora todo conecta, todo habla, se expresa, se mimetiza, unas con otras y si ponemos más atención vivimos esa conexión, podemos sentirnos en los árboles, en los pájaros, en los sonidos que viajan por el viento, en un temblar de hojas, en una suave brisa de verano, los colores del atardecer en el otoño, los acordes de una guitarra, la sinfonía romántica de la vida proyectada ante la cámara más perfecta de la creación, tus ojos; como si un movimiento celestial se entretejiera para causar un impacto suave y deliberadamente nos volviéramos parte de ese número de justos que acaba de emprender a su despertar.

¡Oh! qué hermoso sentimiento, no puedo más que maravillarme de estar presente, viviendo milagros, descubriendo que somos regalos mutuos, tú eres mi milagro y yo el tuyo, parte de algo más infinito, a puesto que no te lo habían dicho, ¿verdad? Al menos hoy, pero a ti que eres, estás y definitivamente coincides con estas letras, es momento de que me escuches, que asimiles e internalices, lo vivas y adquieras la responsabilidad, así como un compositor se ocupa de poner los mejores acordes a sus notas y sonidos para sus composiciones, la materia creativa, Dios o quien acredites como tu creador, a ti te puso como pieza clave, una nota en el destino y así procrear lírica y magistralmente la sinfonía infalible del amor universal, para despertarnos suave y dulcemente a un nuevo mundo.

Sin ti no serían verdad, ni se acercarían a la realidad, tantos sueños, es más, sin soñador no hay sueños, todo se detiene, se va desmoronando, no existe el progreso, no hay desarrollo, y sabes ¿por qué? Porque lo que tú tienes en tu mente, es fruto de tu propia imaginación, tan extensa, tan poderosa, la musa de tus inventos, con la que puedes pensar y visualizar tanto una estrella, como la mismísima vía láctea, puedes estar en el centro de Londres o en lo más recóndito de las selvas amazónicas, pero con un solo cerrar de ojos tu imaginación te puede llevar a montar en globo por el gran cañón o navegar entre las exóticas aguas del mar mediterráneo, escalar las rocosas montañas del Himalaya o más emocionante aún, volar libre como un cóndor, pero otros escogen vivir a medias, mediocremente y estar atrapados en una jungla de cemento, entre la fría multitud y la confusión, aun así sabiendo que ese poder nos hace únicos y diferentes a la vez, saber que en ese mundo impenetrable al que solo tú tienes acceso, solo tú posees el desafío de heredar al mundo ese manuscrito, es demasiada responsabilidad, tanta, que quizás te niegues a escribir, recuerda que solo tus pies dejarán las huellas de tus pasos por esta llamada vida: «¡Tu vida!». Ya que se te fueron dadas singularmente cosas únicas, tu talla, tu estatura, tu voz, el reflejo de tu sombra, tu peso, tu inspiración, más aún, el ritmo de tu respiración y la pulsación rítmica de ese motor que llamamos corazón, ¡ah!, y esa huella dactilar particularmente creada, con medidas y líneas singulares para que nadie pueda copiarla, es hora de creer que eres único y omnipotente, un conjunto de puntos que se conectan entre sí, que se entrelazan para darle comienzo al milagro diario que te da la vida, dentro de ti existe un conjunto de órganos, finamente sincronizados trabajando a la par, para hacer cada uno su movimiento perfecto, tú eres el comandante en jefe de toda esa tropa, toda la tripulación, todo este regalo que tú eres, no solo hueso y carne o un conjunto de cuerdas ligadas entre sí, eres más que eso, eres conciencia pura e infinita, si supieras que solo con aceptar que tu conciencia no tiene fin y que eres la representación continua de algo más poderoso lograrías cualquier propósito; que ese creador se ocupó hasta del más mínimo detalle, para que fueras único y verdadero, cada partícula sagrada, cada ingrediente, cada átomo, cada soplo de vida recogido desde lo más recóndito y profundo de la galaxia para darte vida, fue escogido a su imagen y semejanza, poniendo ríos de pasión y fortaleza a circular por tus venas, te aseguro que así nunca lo hayas sentido o visto de esta manera, desde ahora solo saberlo, esa será tu adrenalina, tu gasolina, puesta allí para que seas tú mismo quien encuentre ese propósito interno.

Este es apenas el comienzo, si reconocemos que somos partículas pensantes y que cada milímetro de nuestro cuerpo, cada átomo potencializa la vida de otro para precipitar más y más vida.

¡Oh! Y si pudieras verte, contemplarte como te contempla tu hacedor, tendrías sin duda que apelar a la palabra perfección así o más profundo y aunque ya sé que es un poco inesperado encontrarse, descubrirse de repente con esta información y que aún más es una tarea ardua tratar de convencerse y asimilarla para tan solo intentar entenderla y aplicarla, pero yo, como tu espejo, como el reflejo de tu brillo, estoy aquí para decirte que:

Me inclino ante tu belleza, la hermosura incomparable de tu ser, que después de empezar a describirte no puedo parar, no puedo más que admirarte y bendecirte, haciendo un resumen de tus milagros y aunque sé que no me alcanzaría el alfabeto, basta con verte, con sentir tu presencia e invitarte a que tú mismo aceptes tu divinidad, que no huyas de ella, solo así podrás encontrar lentamente y, por ti mismo, ver la perfección en ti y todo cuanto te rodea.

Así que esta noche cuando vayas a la cama, regálate unos minutos para escanear tu cuerpo, para observarte, minuciosa y detenidamente como si tuvieras un microscopio, para repararte detallada y fijamente reconociéndote como una más de las maravillas de la creación, así cuando cierres tus ojos te será más fácil honrar los latidos de tu corazón, la cándida madurez de tu espíritu, dejando que tus sueños te lleven a soñar sin límites, creando tu propia realidad a tu medida, diseñada por tu capacidad que es tan clara y exclusiva que hasta de eso fuimos dotados, esa capacidad de crear y creer, de determinar la medida de nuestras aspiraciones y de cuán grandes y poderosos podemos llegar a ser.

Por ello, día tras día, pregúntate:

¿Cuáles son tus objetivos?

¿Se ha despertado en ti una fuerza mayor sobrepasando el límite de la simple supervivencia?

¿Estás realmente determinado a saltar es brecha cuántica de la superficialidad?

Recuerda esta regla, esta fórmula infalible:

$$SUEÑO$$
$$+ INTENCIÓN$$
$$+ DETERMINACIÓN$$
$$+ ACCIÓN$$
$$= LOGRO$$

Se necesita mucho valor para mirar adentro de ti mismo, abrirte a decirte unas cuantas verdades sin miedo, socavando en un mundo donde solo tú eres tu propio juez concibiendo la idea de que tu autopercepción o autodescripción son un trabajo constructivo o destructivo y son únicamente, por suerte o por desgracia, tu elección.

Ahora que ya tenemos confianza y hemos hallado afinidad en ese punto de encuentro, quiero mostrarte o más bien confesarte cuando fue ese primer llamado a buscar de mí misma, sé que entre tú y yo existen un sinnúmero de diferencias, pero también hay cosas más profundas que nos unen, algo que va más allá, un historial de lágrimas y sonrisas de una infancia que dejó pequeños corazones rotos y luego recogidos a pedazos, por un adolescente sin experiencia llena de miedos y frustraciones, que a ti como a mí nos marcó la vida, enseñándonos a que nos entrelazamos en un mundo de polaridades, de inmensas alegrías, pero también decepciones y dolores imposibles de evitar y en algunos casos casi imposibles de reparar.

Fue así como empezó todo este proceso, largo, pero necesario para encaminarme hacia mis adentros, he aquí una pequeña historia:

Así sucedió en mi infancia, en un abrir y cerrar de ojos llegaron a sucederse en ráfaga una serie de acontecimientos que giraron a mi alrededor, los cuales vine a entender más tarde en mi vida, así como quizá seguramente tú, perdí seres queridos, como un tsunami, sentí que mi vida cambió de la noche a la mañana, una historia casi irreal, conocí el vacío de la muerte, una parte de mí se quedó suspendida en el tiempo, tuve que cambiar mis muñecas por duendes que espantaron por largo tiempo mi pequeño espíritu dolorido.

Todo sucedió muy rápido. Aquella mañana despertamos mi hermanito y yo muy felices, pues después de que mi madre enfermó, fue hospitalizada y ya habían pasado más de tres meses y, por fin, los doctores dieron luz verde a mi padre para que nos llevara a verla, pues no era tan fácil para nosotros con cuatro y seis años, ya que no son muy comunes las visitas de los niños en los hospitales y tendríamos que utilizar el servicio público para viajar así que sería toda una aventura, pero bien valdría la pena, ya estaba extrañando mucho a mamá.

Esa madrugada estaba rebosante de felicidad, mi corazón no dejaba de latir fuerte y rápido, parecía que las manecillas del reloj no se movían y el tiempo era eterno, quería sentir ya su olor y la suave ternura de sus manos acariciando mis mejillas y, ¿sabes?, mi madre era mi compañera inseparable y esta oportunidad no la podía perder.

Mi padre trabajaba de planta en un restaurante, cantaba en la noche con un grupo de músicos y generalmente llegaba a la madrugada así que ya con todo previsto desde el día anterior, iniciaríamos el viaje a su regreso.

Saldríamos de casa como a eso de las 4:00 a.m. ya que a esa hora más o menos llegaba él de su trabajo y tomaríamos más o menos dos horas para llegar allá, ya que la clínica quedaba en otra ciudad, aún tengo el vívido recuerdo, el día que vino a recogerla la ambulancia, parece que hubiera sido ayer, yo estaba petrificada a los pies de mi hermana mayor, no entendía que pasaba, solo como recogieron sus cosas y mientras ella nos miraba con tristeza, verla partir, sin saber el porqué, era tan desgarrador ese episodio, todos alrededor parecían como en un estado de hipnosis, se me quedaron grabadas las lágrimas de mis hermanas, los lamentos de mi padre y mi hermano mayor y el correteo de mi hermanito a besarle los pies antes de que se la llevaran, la cara de los vecinos y un frío silencioso que recorrió mi interior en ese momento y que hasta hoy llevo atrapado en mis entrañas, el cual anidó y se hizo parte de nuestras vidas por mucho tiempo.

Fueron días difíciles para todos, tener que separarnos del lado de mi madre en el momento en que ella más nos necesitaba, estar enferma, sola confundida y lejos de su familia, todavía con toda una vida por delante, solo Dios sabía qué pasaba por su mente, así como por la nuestra, en ese instante que marcaría nuestras vidas para siempre.

Ese día fue llevada al hospital de mi ciudad, Pereira, pero como no se tenía la infraestructura para atenderla, fue trasladada hacia otra ciudad llamada Manizales a dos horas de la nuestra, mi padre pensó que era mejor, así la cuidarían con el personal adecuado y los recursos para tratarle sus dolencias, padecía de cáncer, que en ese tiempo era muy remota la posibilidad de que alguien sobreviviera ya que los médicos apenas estaban buscando soluciones para ayudarle a sus pacientes a sentirse mejor, al menos psicológicamente, en los *70* ese monstruo silencioso era algo tan nuevo que los doctores solo se dedicaban a experimentar con los pacientes para saciar su curiosidad en algunos casos, o quizá para saber cómo sucedían los cambios en cada uno de ellos, ya que estoy casi segura de que si hoy en día no se tiene todavía la esperanza de una cura para ello, menos en aquellos años…

No era justo. Yo en los primeros años de mi vida y ya, con una mente supervolátil, solo quería gritar, preguntar, protestar y expresarle al mundo mi descontento, en ese momento quería ser egoísta sin importarme que los demás miembros de mi familia estaban pasando un fuerte duelo, como si fueran vasijas llenas de tristeza.

Mamá era el eje, el pegamento, era nuestra inspiración así que fue traumática aquella madrugada, cuando después de una noche casi en vela llena de ansiedad, levantarme a las

2:30 a.m., tomar un baño de agua semifría y vestirme con mis manitas temblorosas era confuso ya que tenía la sensación de tener mariposas en mi estómago, quería estar lista para que papá nos llevara pronto.

De repente sentimos como una llave atravesó la chapa de la puerta de entrada, era mi padre, algo no andaba bien, lo supe instantáneamente y el frío entró y se instaló allí, me recorrió de pies a cabeza, lo sentí, observando casi perdida la mirada triste y desconsolada de papá, quien me ignoró por completo en ese momento, dejando salir solo algunas palabras, llamó a mis hermanos mayores a la sala de estar mientras nos decía a mis otros dos hermanos que nos quedáramos en el cuarto contiguo porque hacía frío. Mis memorias traen a mi mente aquel vestido marinero que llevaba puesto a medio abotonar, las medias medio chuecas y una terrible curiosidad de por qué no podíamos estar allí juntos para escuchar la conversación, solo recuerdo que de repente entraron en llanto, bien sabía yo que el hecho de que no pudiera dormir desde la noche anterior no era gratuito, sentí rabia, sentí envidia de ser mayor, así como mis hermanos, María Inés y José Uriel, a veces silencio, a veces llanto, me faltaban las fuerzas para respirar, en aquellos momentos que estás, pero que no sabes cómo, me tapé los oídos como quien no quiere escuchar, miles cosas pasaron por mi cabeza aturdida, sin moverme, hasta que mi pequeño corazón inocente me dijo: «tienes que saber». Entonces corrí y quise curiosear. Fue ahí cuando mi papá nos abrazó y con la voz quebrada susurró: «se nos fue su madre». No me lo esperaba, solo entendí algo como que se fue, como cuando uno solo se interesa por lo que más le conviene, pero ¿cómo que se fue?, me pregunté una y otra vez, que inocencia, ¿verdad? Mi madre había fallecido en la soledad de ese hospital lejano, solo lo supe y entendí mucho después de cumplir mis seis o siete años.

Pasaron los días y yo continuaba sin entender porque de repente empezó a venir mucha gente de negro a casa, todos lloraban y algunos, si no la mayoría mostraban una singular simpatía ante nosotros los más pequeños, ya estaba cansada, mi madre era todo para nosotros y dentro de mí pensaba que por ser la más pequeña yo la extrañaba más y por eso debía tener la atención de todos, además de otros privilegios, estaba aturdida, confundida, muchas personas solían decirme que mi mamá se había ido de viaje y que pronto volvería, era injusto solo descubrí que había fallecido, después de muchas visitas al cementerio, fue muy triste saber que hasta la vi en su ataúd, y aun así no la conocí, no sabía quién era ese ser que ahí yacía, nada parecido a mi madre, quien estaba en mi mente hermosa y rozagante como la más hermosa flor, era tan singular y única su belleza en vida que en mi inocencia ni la relacione con esa persona que había allí tendida, tan pálida y tan triste.

Mientras conservé una extraña calma como una vana esperanza, una leve esperanza de que lo que me decían era verdad, hasta que por fin supe que era morir, que ya no se vuelve de la muerte, al menos en el mismo cuerpo, después de llorar en confusión, quise descubrir más, no quería que esa palabra me aterrara, con el tiempo y después del choque emocional, me prometí que no quedaría solo con preguntas, como siempre, buscaría respuestas lógicas y así llegaría a mi propia conclusión y que mientras unos decían una cosa y otros otra, yo investigaba, y fue así que llegué a entender, que era extinción de la vida, para mí era simplemente pasar a una más evolucionada donde el dolor no existe y solo es el fin de un episodio, a pesar de que sé que el diccionario ofrece muchos significados que no me gustan y aparte suenan mal, en una de mis tantas investigaciones encontré, que es un cambio de sitio, un paso a otro estado de la existencia donde el alma migra de este mundo a otro mejor o como Sócrates o Platón dijeron:

«EL CUERPO ES LA PRISIÓN DEL ESPÍRITU, DE LA QUE SE ESCAPA SOLO CON LA MUERTE»

Y aunque suena doloroso documentarme sobre el hecho, me ha incitado a recapacitar y reaccionar de otra forma, ante todo reasegurarme que nuestra alma es inmortal e imperecedera, ahora estoy más convencida de que no es el final, al contrario es el comienzo de una nueva aventura de algo más profundo y sé que alrededor de este mundo existen muchos más inquietos como tú y como yo, que deseamos continuar juntos esta búsqueda, aquella que nos llevará a descubrir que hay mucho más allá de ese cese de actividades biológicas, como sintonizarnos con esa energía o cual es la descripción específica, pues así como la doctora Elizabeth Kübler en su libro: «LA MUERTE UN AMANECER», expresa dicha, pues es un paso más hacia una forma de vida en otra frecuencia y afirma que la experiencia de la misma es casi idéntica a la del nacimiento, uno nuevo en otra existencia, un paso a otro estado de conciencia en el que se continúa experimentando, viendo, oyendo, comprendiendo, riendo y lo mejor en el que se tiene la fabulosa posibilidad de continuar creciendo.

Algo que me tranquilizó es que también escuché que en ese paso nunca se está solo, porque eso era lo que más me dolía, saber a mi madre sola en todo ese proceso, quizá desprotegida y desorientada, pero de alguna manera me llegó también que nuestro ángel guardián está ahí para asistirnos y recibirnos como nuestro protector y que todos los espíritus de nuestros seres queridos comparten con nosotros lazos de amor eterno a través de la vida, clara expresión de la solidaridad universal entre ambos planos. Así, sea cual sea la condición del espíritu siempre será sostenido por esos seres de luz, que se ocupan y ocuparán por ese proceso evolutivo, así que decidí que era cuestión de saber interpretar las cosas de otra manera y así poco a poco desaparecería el miedo, la angustia y aunque sí, acepto que toma tiempo asimilarlo como una realidad, como fuera nunca he dejado de sentir, las dulces caricias y los besos de mi madre en los momentos de soledad y su dulce y suave sonrisa en mis momentos de felicidad, comprendí que nada en este plano tiene más sentido que el único que tú le das. Así los demás nos consideren extraños o diferentes por ser audaces y salirnos del contexto social, no debemos dejar de ser. Claro ejemplo de ello entre otros son **BEETHOVEN o LEONARDO DA VINCI** sin duda quien nos demostró que los límites son imaginarios y **EINSTEIN** quien nos facultó también, con la idea de que más allá de la que llamamos realidad existe un botón que se activa cuando dejamos actuar a nuestra imaginación en pro de nuestras vidas. Ellos nunca dejaron de ser, eso los hizo desencajarse del contorno social o más bien desgarrarse de ello, ser diferente, te obliga a obtener resultados diferentes, o ¿acaso tú dejarías de leer este escrito solo por ser diferente? No, no lo creo, así que siento que vamos por buen camino, ser más interesantes, nos hace indescriptibles y por qué no, indestructibles, aunque a veces eso nos hace sentir solos por no encajar, estar fuera del montón, nos da cierta exoticidad, porque por más que queramos explicarnos nadie nos entenderá, nadie comprenderá nuestra manera de pensar, por experiencia te digo ahora es el momento que más cerca estamos de nuestra fuente, por eso tenemos destrezas nuevas, llevamos dentro un arsenal de semillas que darán vida a una nueva y evolucionada humanidad.

Que felicidad, ser diferentes, nos conecta, nos identifica ante los demás, es hermoso poder contemplar a otro de sus semejantes cuando se le manifiestan sus regalos, cada cual en sus proyectos o carreras individuales, cantantes, magos, doctores, poetas, algo tan simple, pero a la vez es la prueba o el testimonio de que se nos depositó algo natural y diferente a cada uno, así como a mí por ejemplo me encanta jugar con las letras, darles vida, hacer de la escritura una rítmica y hermosa sinfonía, para degustar los ojos de quien tengo el privilegio de tocar, podrán no ser miles, mi corazón se exalta con tan solo saberte allí, así fueras solo tú, porque a través de tu energía puedo conectar con el mudo entero, no puedo evitar sentirme bendecida, ya que tú me das la fuerza e inspiración que me propulsa a seguir, tú eres mi misión y a la vez la tuya será el llegar a alguien más en determinado momento, entrar contigo en la intimidad y desnudez de nuestras almas, así sea por un rato a diario para contemplarnos y llenarnos de sabiduría mutua, me recuerda que somos uno con todo y todos somos uno. Que así como la mía, tu voz interior está gritando hace un buen rato, solo te pide que escuches muy atenta y detenidamente, recuerda que si la acallas por miedo o quizá ignorancia, lentamente perderá su fuerza e irremediablemente morirá.

MI PREGUNTA ES: después de haber escuchado todo esto, ¿qué clase de conversación estás originando entre tú y tu héroe interior? ¿Qué cosas te has dicho? O más aún ¿dejado de decir?

A veces nos tomamos el tiempo para hacer poemas, preparar discursos o hacerle cumplidos a alguien más, sin detenernos a mostrarnos a nosotros mismos la importancia que nos merecemos o nosotros mismos necesitamos; la autoaceptación y autoestimulación también juegan un papel clave en el desarrollo personal y emocional, también prueba tu valía y te proyecta, no te imaginas cuanto cambiara tu perspectiva ante la vida cuando cambies la forma en que te percibes a ti mismo, así que solo por hoy, por este momento que es lo que tienes, regálate halagos, hazte una frase de aliento y porque no, escríbete una carta de amor, suena *cursi*, descabellado, pero más adelante compartiré unas técnicas para que sepas qué escribirte y qué preguntarte y lo mejor, como todas esas preguntas se irán respondiendo una a una lenta y claramente, solo tienes que esperar... también hazte una nota, identifícate con algo que te haga feliz: un signo, un símbolo, una canción, algo que te produzca gozo, ese gozo de disfrutar de tu propia compañía, recordando tus motivos y tu *lema diario* que te invita a vivir en armonía contigo mismo.

Acuérdate también de aquel instrumento de dos cuerdas que se te fue dado, puesto estratégicamente en medio de tu garganta, debes afinarlo a diario, con respeto, repitiendo oraciones poderosas, que retumben en tus propios oídos, esa será la prueba de que cuando las expreses a los demás, la mágica vibración que traerán con ellas será un cántico y será un privilegio escucharlas, porque esa magia cambiará para siempre tu mundo y el mundo que te rodea, si las aplicas mientras caminas, trabajas o estás desarrollando alguna otra actividad, ellas buscarán ponerse a tono, de cualquier forma para recrear música y vibrar al ritmo de tu propio palpitar, pero es tu obligación aprender a afinar con precisión, sin olvidar ningún detalle ya que si no lo hicieras, podrían atrofiarse en su composición, espero que te quede claro, todo será para tu propio beneficio, ya lo verás...

Todo se conecta, hoy tuve una experiencia que deseo compartir contigo, extraña, única, pero muy interesante, algo que me recordó que estar más atentos nos hace aprender a descifrar uno a uno los mensajes que nos llegan a través de todo. Yo estaba en el parque y de la nada empezó a llover de repente y suavemente desde el punto donde yo observaba, noté como el viento interactuaba con las gotas que caían sutiles, logrando un suave eco que conjugado con el sonido de las gotas interactuaba con el viento, como un murmullo con el movimiento de la verdes hojas, de repente retumbó algo como el estruendo seco de un tambor, estaba cautivada por la sinergia que se creó en el momento, no había discusión, no había nada que se interpusiera entre aquella obra que se tejía en ese instante, todo se proporcionó. Así recibí el hermoso mensaje de que puedes encontrar inspiración en cada pequeño detalle de tu vida, si te permites escuchar, agradeciendo por la lección inspirada, por la manifestación sabia e inesperada que nos dicta silenciosamente la madre naturaleza, como todo fluye, todo se entrelaza y se transforma, puramente como un encanto o una receta divina bajo la regla inquebrantable de que todo es. Como la armonía se proyecta, logrando efectos nunca antes revelados a los ojos de quien solo mira, pero perfectamente dispuestos a quien observa con los ojos del alma. Así, como los millones de partículas que forman tan hermoso elemento como lo es el agua, navegan incansables, transformándose en el trayecto de su viaje hasta llegar a su destino, atravesando valles, montañas y aunque se encuentre con obstáculos suavemente los sobrepasa, pero en otros sitios, como en las generosas cascadas o caídas desde lo alto, rugen, haciéndose camino, con formas inexplicables, luego se elevan hasta las nubes condensándose, para mimetizarse con las nubes, que cuando se calientan vuelven, caen inesperadamente, buscando su origen, en los ríos que deliberadamente transitan al mar, todas buscando su destino, su fuente de donde proviene su poder infinito, su inmensidad, así se completa un viaje y se prepara para otra aventura para otro destino.

Así somos nosotros, inexplicablemente creados, formados, inquietos, intuyo que la razón es porque estamos formados de más del 75% de agua, por ello nunca descansa, siempre estamos buscando nuestra proveniencia, la más mínima pista de dónde empezamos a crear historia, nuestros principios y asumimos nuestro fin o desembocadura, así nos distraemos de nuestra misión, esa búsqueda que precipita nuestra brújula interior, saturándonos de tanta información, tergiversamos nuestros ideales que a veces se atrofian, esto sucede cuando nos dejamos llevar por los remolinos, corrientes encontradas, a veces turbulentas corrientes de la vida.

Así como es inevitable que esto suceda con el agua, nosotros al mismo tiempo no podemos evitar ser contaminados por noticias amarillistas y publicidad barata, las cuales son bombardeadas diariamente por los medios de comunicación, debemos alejarnos de ese tipo información si queremos vivir en paz, actuemos ahora, el resultado dependerá única y exclusivamente de tomar una sabia decisión, así pues, mi amigo, te invito a que nada te distraiga de tu peregrinaje, recuerda que más allá de todo somos pureza, somos un homenaje a la evolución, fuera y dentro somos cosmos, fuimos puestos en este momento más que histórico, para trasmutar en amor, aprovechar ser parte del cambio y contagiarnos de esa mística y cálida vibración que trajo esta era de reencuentro con nuestro pasado, pero no para que nos quedemos allí, sino para que aprendamos a motivar nuestro espíritu a la transformación.

Ahora que ya estamos listos, que sabemos quienes somos o, bueno, al menos empezamos a trabajar en el proyecto de ser, es necesario trazar un plan, con todo lo que necesitamos adecuar, aprender a tomar las decisiones correctas y darnos los permisos correspondientes que se nos habían negado por la sociedad para aprender a equivocarnos por nosotros mismos si es necesario, poniendo en nuestra mochila de la vida, las provisiones necesarias alivianándonos para partir en la búsqueda de la verdad, esa misma que nos alejara para siempre de la procrastinación y de una vez por todas alienándonos con nuestras aspiraciones y ese desgarrador, profundo y ardiente deseo de romper los esquemas.

Acordémonos de esas palabras que dicen que todos venimos con profundo deseo de ser, con esa semilla germinando incansable día a día dependiendo de nosotros si sobrevive o se muere en ese proceso.

¿Cuántos seres humanos abandonaron este plano sin siquiera encontrar o al menos tratar de buscar la motivación suficiente para empezar a cosechar?, ¿más aún un propósito verdadero? ¿Cuantas historias quedaron, solo en las mentes de quienes las vivieron? Nuestros tatarabuelos, abuelos, etc., algunos solo viviendo por vivir o tratar de encajar en una sociedad que les robó sus mejores momentos y sobre eso les designó un destino, ¿no es eso patético? Cuando escucho cosas como esas me falta el aire, me duele saber que si no actuamos ya nos quedaremos solos, obsoletos, más ahora que sabemos que una pequeña historia, una simple vivencia podría cambiar la vida de uno de nuestros semejantes, una sola chispa puede crear un incendio, ¡recuérdalo!, algo sencillo y a la vez tan poderoso como la visión, esa que traspasa la capacidad visual del ojo humano y nos revela la fórmula de la felicidad, definitivamente no puedo evitar compartirlo, solo con saber que todos estamos conectados de una u otra manera, me siento en mi deber moral de buscarte y darte lo mejor de mí, espero que lo recibas con cariño.

Todo es mágico, hasta eso, la conexión, si no pregúntate como cuando piensas en alguien, así no lo hayas visto desde hace un tiempo, de un momento a otro aparece diciendo, estaba pensando en ti y te llame o te lo encuentras y dice: «¡Te iba a llamar!» ¿Es algo grandioso verdad?, así también como cuando tienes conexión con tu pareja y deseas algo de cenar, no es necesario ni hablar, si la conexión es real cada uno sabe cuales son las necesidades del otro y solo se fluye, pasa todo el tiempo, estamos volviendo a comunicarnos, más efectivamente, sin tanta prisa, más perfecta y precisamente, como en los tiempos antiguos, se que así como yo presiento tu presencia en mi vida, tu también me sientes cerca, se siente lindo el haberte encontrado y en esa búsqueda de tu presencia encontrarme a mí misma, saber que eres mi reflejo y yo el tuyo y a su vez somos el regalo de la perfección de Dios, de eso puedes estar seguro, si no has empezado a caer en la cuenta, será más pronto de lo que te imaginas, será hermoso, ya lo verás. Compartir contigo esta experiencia me hace sentir cuán grandes somos y es un honor reconocer y aceptar que viviremos por siempre este encuentro y seremos tan felices de lograrlo juntos que lo gritaremos a otros a viva voz en la medida que sigamos descubriéndonos.

Hoy es un nuevo episodio, no hay necesidad de volver a situaciones dolorosas, ni reencontrarnos con los monstruos que nos atropellaron y destrozaron a sangre fría en el pasado, esa fue una batalla más, tomémoslo así, pero te aseguro que la guerra o más bien la conquista de esa guerra, te traerá tanta felicidad y satisfacciones que nada de eso te distraerá nunca jamás.

Hoy te miro directamente a los ojos y te digo que estoy muy orgullosa de ti, por enseñarme con tu ejemplo; tú, mi más valiente guerrero.

El dicho tan famoso de uno de mis poetas favoritos de todos los tiempos, **FACUNDO CABRAL**, me retumba en las entrañas con esta desgarrante y directa frase:

«NO ESTÁS DEPRIMIDO, ESTÁS DISTRAÍDO»

¡Oh!, Dios, me aterra pensar cuantos distraídos de su propia vida existen a medias, con ese miedo de que alguien los vea o que accidentalmente se descubran en medio de sus propias preguntas y no tener el valor de respondérselas. ¿Te parece familiar? ¿Conoces algún caso así? Entonces tú: ¿sigues deprimido o estás distraído? Te aseguro que empezar a razonar en la creencia de que eres único y especial te ayudará, a pisar esos terrenos nuevos, no solo en tu mente, pero en la mente universal, a encontrar nuevas y mejores oportunidades si observas con atención y te haces un listado de todos esos dones te quedarás perplejo, cuantos regalos tienes todavía guardados sin abrir, lo más lindo podría ser brindarlos a otros sin reparos, ¿verdad?

Para mí fue tan difícil empezar a pensar que se puede despertar al mundo, aun cuando se está dormido con los ojos abiertos, así empecé a observar más detenidamente y con objetividad, empecé a descubrir el mundo y sus maravillas, desperté realmente a la vida, viviendo desde la apreciación, desde el mismo agradecimiento, pero rescatándome a mí misma, sacando a flote lo que me ha hecho reconocer mi propia esencia, el desear cambiar, ha sido de mucha ayuda y creo en ti como también creo en mí y siento que tomándonos de la mano para que podamos caminar y apoyarnos juntos, es el mejor principio, mientras tambaleamos, hasta encontrar nuestro propio equilibrio.

Realicemos entonces juntos este viaje, reconozcamos nuestras propias habilidades, sigamos cantando juntos, seamos faros de luz para aquellos que navegan en la búsqueda de su propia verdad de su nuevo horizonte, puedan llegar también, acordándonos que solo encontrando nuestro estado de paz perfecta y brillando con luz propia, podremos gozar de ella, al explorarnos será necesario silenciarnos si estamos aturdidos del día a día.

También aprendí que mientras más quieto y en calma se está, comunicarme con mi *yo superior,* mi Dios, era cada vez más fácil, sin juzgarme, sin herirme, sin criticarme, solo edificándome, así supiera que no era verdad todo lo que me decía, hacía crecer un sentimiento de alegría dentro de mí, sacando lentamente del camino, el miedo a surgir y aunque no ha sido fácil aceptarlo, pero mi sabiduría interna me ha orientado a dejar fluir mi voz, a cantar y reemplazar las quejas, es así como he encontrado muchas habilidades, entre ellas a hacer afirmaciones, te confieso que todavía estoy afilando ese don, *masterizándolo* cada día, para que así como hoy tú, que llegas a ser uno más de esta familia, puedas aprenderlas y podamos fluir juntos, y porque no, algún día coincidir, juntos en algún lugar y cantar al arrullo de nuestra propia voz.

51

Aquí te comparto con mucho cariño y segura de que estas claves llegarán a ti en el momento más oportuno de tu vida, **45 claves** o, más bien, cuarenta y cinco observaciones prácticas que te ayudarán a entenderte mejor y sobre todo a alivianar tu carga.

No sé si a ti te suena lo mismo, pero para mí suena algo así como a descargar, soltar, fluir, no sabes cuán fuertes son tus raíces hasta que no te pruebas, dejando ir, liberándote de tu pasado, letárgico y poco constructivo, que te mantuvo con los ojos vendados y oculto al conocimiento, examina tu actitud de hoy y date cuenta hasta qué punto ella está alineada y en sintonía para lograr lo que deseas, así podrás hacer un autobalance de lo que quieres llevar en este viaje, hacia la inmensidad de tu crecimiento, hoy te invito a identificar en qué punto estás, en que momento accidentalmente dejaste apagar tu chispa y qué es lo que verdaderamente te apasiona, algo que morirías por hacer o podrías morir haciendo. Te aseguro que será de mucha ayuda y definitivo para el encuentro a vivir, tu verdadera felicidad.

Pide asistencia divina y si no escuchas nada inmediatamente aprende a esperar, a internalizar el arte de la ciencia de la paz (*paciencia*), ya verás como todo y cuando digo: «¡Todo!», es porque estoy más que segura que el *vortex* de la vida traerá todo lo que desees a tu favor, así en ese trance, respira y examina, ¿cómo te sientes ahora? Imagino que mejor, no importa si estás confuso, te has identificado con algo de lo que has leído, o aún tienes dudas, miedo, ¿quizás? Si no sabes cómo dejarte fluir vas bien, lo primero es caer en la cuenta, para luego empezar a realizar pequeñas actividades contigo mismo.

De mi parte te comparto que encontré mi norte en la escritura, cuando entendí que lo que mis manos querían era que dejara expresarlas por sí solas, aunque en este extenso mundo, no tengo claro donde estás y quizá nunca llegue a conocerte personalmente, te regalo la sinceridad y la vibración de estas palabras dejando mi intención en cada una de las letras y estas frases que salen del alma, de esta soñadora despierta que al igual que tú está en el camino a su verdadero descubrimiento y que estoy segura de que llegaran hasta ti, porque allí dónde habitas, habito yo y así mismo respiramos del mismo aire, cuando dormimos soñamos los mismos sueños, así que estoy emocionada con el hecho de que quizá algún día no muy lejano te animes a escribir sobre ti, tus experiencias dejando como herencia parte de tu sabiduría, a quienes en quizá, veinte o treinta años desde ahora, de repente se encuentren trascendiendo en medio de uno de tus textos, ahora: respira suave y profundo y continúa *la obra maestra de tu vida* que está iniciando, está floreciendo, dando un vuelco de grados infinitos y por fin serás todo aquello que quieres ser, dejando en claro cuáles son los deseos que deseas cristalizar en tu vida.

No temas, la fuente te mantiene, provee e infinitamente te suple y está ahí para sostenerte siempre. Incluso algo que consideramos tan simple como respirar, imagínate por un momento como entra y sale aire de tus pulmones una y otra y otra vez, sin esfuerzo alguno, ¿te lo has preguntado eso hoy?

¿Cuántos litros deja correr por los ríos de tus venas cada segundo, irrigando cada órgano, propulsando este vehículo sagrado que te fue dado para transportarte?

Es momento de dar gracias por cosas pequeñas, así ese simple y a la vez grande y noble gesto, traerá más razones para seguir siéndolo.

Por eso mi motivo para estar rebosante de alegría el día de hoy es conocerte, agradezco que hayas llegado a mi vida, para cambiarla y a la vez potenciar mis milagros, ya que tú eres uno de ellos, aunque sé que la mayoría de veces subestimamos su existencia.

> «HOY ME DIRIJO A TI DESDE
> MI CENTRO MISMO
> Y UNA Y MIL VECES TE DIGO
> *GRACIAS, GRACIAS, GRACIAS*»

Si estás cansado, agotado y te sientes enfermo, examina lo que te dices, quizás no sea un diálogo sino más bien un reproche o un flagelo interior, recuerda que no te pertenece todo aquello que robe tu alegría, que te limite y corte, no es así, puedes decirte que eres dueño y señor y además acreedor de una fuente infinita de salud, en todos los sentidos, física, mental y emocional a todos los niveles en todas las áreas y sin miedo.

Tu cuerpo tanto como el mío son un templo donde solo habita la divina provisión de la salud, tu mente solo podrá ser llenada con mero conocimiento, para refinarlo y tu espíritu es y será por siempre paraíso del manantial de tu alma, así vivimos, amamos y respiramos sin miedo, ya que la sincronización de todo en nuestra vida es perfecta.

Cuando hablamos de encontrarnos a nosotros mismos, debemos de asumir que todos sin excepción, poseemos por insignificantes que sean a nuestros propios ojos, un conjunto de dones, de regalos naturales que nacen con nosotros y dependiendo del cuidado y atención que prestemos a ellos florecerán y fructificarán como talentos, debemos ser como *el sabio bambú*, no importa cuán lento sea nuestro crecimiento, mientras este sea continuo, no importan los fuertes vientos porque estos solo nos sacudirán, probando la fortaleza de nuestra raíz, todavía nos falta mucho por descubrirlo, pero aquí vamos y aunque a veces seamos nosotros mismos el alfiler que desinfle nuestras propias ilusiones a la vista de nuestra humana presencia y peor aún, no creamos en las soluciones, es ahí donde está la parte más hermosa, aún más la más importante, un solo deseo, un solo intento lo cambia todo. Esa emoción que infunda la intención del amor por lo que queremos, cambiar, lograr y construir, es todo lo que necesitamos. Trabajando desde adentro fortaleciendo ese coraje y descubriendo cada ficha que se acomode a nuestra evolución, será clave.

Así, será fácil identificar cual es el servicio por el cual hemos sido puestos aquí, es el principio del fin, o el fin de tus principios, como tú quieras acomodarlo, ahora solo se irán produciendo acontecimientos mágicos, haciéndose visibles a medida que te creas, cuan grande y especial eres.

Una simple sonrisa amable, un saludo caluroso y sincero, un abrazo en el que compartes tu deseo de acrecentar tu felicidad y la de tus semejantes es la mejor herramienta y lo más bello; gratis, ¡ah! y supercontagiosa.

El mundo está esperando verte sonreír para sonreírte de vuelta, muchas veces se guardan esos deseos porque no nos enseñaron a sonreírle a extraños, pero ya sabemos que es una creencia errada, no es más que eso, que no existe, fue como un resorte que se estiró con el tiempo, hasta que la presión misma lo reventó.

Días como hoy decides por ti, sabes que lo que sabes lo has aprendido por ti, no depende de la validez del pensamiento de nadie más, así que decides que aceptas y que dejas ir.

Dejas tu corazón fluir, a tu intuición sentir y tu pasión hablar desenfrenadamente, te apuesto a que puedes sentirlo, es más, te reto, pruébalo y verás.

Nacemos tan libres para amar, tan llenos de pureza, desconociendo los rencores y falsedades, sin saber que nos espera en el camino de la vida, en este mundo que más que aturdido por el ruido y distraído por el conformismo, está dominado por el ego, tanto que parece imposible que a escasos diez años de edad, ya más de la mitad de «nuestras cosas» ya hayan sido motivo de lágrimas y discordias, disgustos y peleas con nuestros semejantes, etiquetamos todo lo que «poseemos", cuando en realidad nada nos pertenece, así es cómo a medida que pasa el tiempo, dejamos ese sentimiento acumularse, marcando inconscientemente, territorio a lo que más podemos a nuestro alrededor, los próximos diez a veinte años seguimos adhiriendo personas e ideas y objetos a esa lista, que aunque sepamos que quizás no nos lleven a ninguna parte, desde nuestro punto de vista, «son», y así sucesivamente ya hemos pasado la mitad de nuestra vida, fuera de nosotros, buscando alivio, plenitud y sosiego en la cotidianidad, alejándonos lenta y letalmente de nuestra verdad y utilizamos el ego como bandera para asociarnos con la parte material, haciéndonos cómplices del juego del «no puedo», «eso no es para mí», solo cuando nos conviene, pero lo que no sabemos es que si le damos poder a esa voz que no nos deja ni hablar, que acalla nuestra propia voz, acosándonos día y noche, haciéndonos casi imposible silenciarla, le daremos alas, ya que es una experta para distraer. Yo te digo: «¡Déjate fluir!», concéntrate en trabajar en tu grandeza, ya sabes cómo hacerlo, siempre lo has sabido, sigue arando la tierra fértil de tu ser, recuerda que la semilla fue puesta dentro de ti, no fuera, con absoluta certeza y confianza y su deseo de germinar y dar fruto, es la llave que te llevara a lograr hasta tu más mínimo anhelo, sin límites, con perseverancia y más allá de las dudas, mucho más allá del destino mismo, más allá de lo que has aprendido, dentro de ti yace un total infinito de posibilidades, tu tarea debe empezar hoy sin demora, dejando todo atrás; el amarte, respetarte, admitirte y sobre todo perdonarte por dejarte siempre en último lugar, te dará más motivos para afianzarte en tu compromiso, el cual será poderoso para completar la calidad del aporte que dejarás en este lugar llamado Tierra.

Todo lo que sucede a tu alrededor y dentro de tu propio interior, tomará otro rumbo al descubrirlo y seguro a medida que salgas de tu timidez, de ese círculo sin fin que te fue trazado por el miedo, tu llama de poder explotará dentro de ti, esperando respuestas, avivándose así para encender el mundo entero, sostenerla encendida y alimentarla es tu tarea… ¡es tu momento!, pero también, es tu elección. Dentro de todas las cosas que más me sorprenden de la creación, que se nos fue puesta de gratis y que no agradecemos, es más, no la usamos casi en su totalidad, es esa fuerza infinita que mueve el universo, sin forma, pero más poderosa que todas las fuerzas unidas universales, esta que es imposible ver, pero por más que queramos escapar de ella, será imposible, ya que esta te doblega y te impulsa a descubrir, dándote alas para volar arrancando hasta los más remotos sentimientos de duda, transformándolos en adrenalina pura para ir adhiriéndola a la consecución de nuestros sueños, mientras pasamos por cada etapa de nuestras vidas, sin explicación y sin tener pistas de cómo llegó hasta a ti, sabes que vive dentro de ti, como un habitante invisible, es momento de que la descubras por ti mismo, a esa sola bendita cosa en la que el creador te dio plena potestad y me atrevería a asegurar que de una forma infinita, para que se manifieste implacable ante tu propia vida. Esa cosa se llama «voluntad». A veces te preguntas: «¿Cómo la descubro?». Después de eso: «¿Cómo la educo?». Y finalmente: «¿Cómo trabajo en la aplicación de las cosas que «no puedo cambiar?».

El diccionario nos habla de un poder, una inclinación de la mente, un deseo, un propósito, aquello que te determina o te aplasta, tal cual como una disposición o un mandato, consentimiento, fórmula, facultad o conducta, los pensamientos, sentimientos o percepciones, están tatuados con ella y pasarán a tener forma en el momento que las aceptes en tu vida, lo mejor es que una vez que lo hagas y abras las puertas de tu corazón, estas se volverán milagrosas y se manifestarán, una y otra y otra vez como las bendiciones que estabas esperando.

Una vez la encuentres y estés consciente, debes empaparte de cuales son sus características principales y una de ellas, si no la más especial es alienar y alinear, tu modo de discernir todo aquello que afecta de una u otra manera, tus sentidos, por ejemplo algo así como cerrar los ojos cuando vemos que algo se acerca sorpresivamente, sobreponiendo tus manos para protegerte, ahí puedes percibir el episodio del modo en que más te convenga y de acuerdo a como tu mente lo reciba. Así, tal como la oruga construyó cuidadosamente su capullo, para retirarse a esperar el momento de su transformación guiada por su naturaleza, su voluntad y su instinto mismo de supervivencia, sentirás que esta es tu guía interior, hacia la ascensión de tu espíritu, siendo únicamente el fruto del descubrimiento y la capacidad de saber que tú tienes, el límite para desarrollar tu potencial tanto como para crear o destruir si lo deseas; sí, sé que a veces nos asusta cuestionarnos ante nuestros superpoderes, me atrevo a decir *Súper*, porque mientras más masterizamos un don, más aprendamos a trabajar en ellos, canalizando la energía que va y vuelve esperando ser definida, moldeada, propiamente, etc., estos más crecerán en tamaño y número. Por eso te comparto, que en mi niñez, tenía un espíritu superdesarrollado de artista, pintaba, creaba y mi mentalidad era quizá tan diferente o más rara comparada a la de todos los que me rodeaban, siempre con preguntas, creando mis propios idiomas, creyendo mis propios credos, tanto que creía que todos veníamos vacíos, sedientos y que un señor llamado destino, nos llenaba a medida que crecíamos, pues fue un *shock* casi dramático para mí, saber que era de una manera contraria, que se llega a este plano tan lleno, tan puro, creyéndonos capaces de todo, pero mientras crecemos, las mismas circunstancias nos obligan a cambiar nuestros pensamientos o más bien a contaminar nuestro *chip*, con otras cosas, así echando a perder nuestra inocencia, nuestra pureza, para sustituirla por cuanto atraemos voluntaria e involuntariamente en este paraje existencial, eso solo vine a entenderlo viviendo esta historia, está en la que ahora tú también vives y casi que segura de que a ti también te pasó, pero en mi pequeña memoria quedaron suspendidas en el tiempo, cuentos de héroes, heroínas y príncipes azules, en escenarios encantados, inexplicables porque cuando queríamos traerlos a la realidad, alguien muy seguramente te bajó de la nube, prohibiéndote vivir en tu propio cuento, imaginando que habían mundos dentro de los mundos, para que nosotros los pudiéramos descubrir y conquistar, hasta que alguien decidió que tenías que crecer, ese niño quedó suspendido allí, entre candilejas, entre acuarelas, trajes y alas, esperando ser usados, casas de muñecas y tacitas de té enfriándose en la mesita del tiempo. Todo aquello perdió su brillo, su color, el color de la inocencia, y de repente, las tareas y tus deberes te empezaron a prohibir pasear en tus sueños, porque era hora de sustituirlos por realidades que no te gustaban, porque simplemente no las sentías tuyas, ¿no es así? Ahora nos encontramos para tomarnos de la mano y retomar esa misión, devolvernos en el tiempo para rehacer el uso de nuestras capacidades creativas, arrancar la tristeza y terminar esa taza de té y jugar a llenar esos vacíos con colores y recrear esa escena. Nunca es tarde para retomar nuestro verdadero papel, aquel que desde siempre te fue delegado, solo por ser único en tu genero, un libreto hecho a tu medida con tus características únicas, que lamentablemente dejaste pasar desapercibido, pero aunque pasen los años y vivas en otro sitio, separado de tu realidad, esa huella digital que es solo tuya, siempre será tu insignia, tu sello y de tu boca saldrán bendiciones y crearás afirmaciones, porque hasta eso te ha sido dado, voz de mando, el realizarte es un ejemplo único y a la vez demostrarte que eres un regalo y que contigo llevas impresa un pedacito de esa materia inteligente que te concibió.

La idea de que todos somos uno y uno somos todo, cada cual con su variación, pero todos tan iguales, perfectamente imperfectos, con pensamientos y manifestaciones fuera de lo común, con ideales grandes y pequeños y a la vez sutilmente maleables, construyendo a nuestro paso un universo infinito de posibilidades, deseamos y desarrollamos dones a la medida que los descubrimos en esa destreza, ¿quiénes somos y hacia dónde vamos? Somos necios cuando nos criticamos porque ahí estamos dudando de nuestro poder, porque al mismo tiempo dejamos de creer en la fuente que nunca se agota, nos comparamos y desistimos de seguir construyendo y perfeccionando ese modelo que queremos llegar a ser, hemos llegado hasta aquí, no deberíamos contar cuántos pasos hemos dado sino cuántos nos faltan por dar o cuántas y cuáles serán las huellas que podamos dejar y a cuantos seres alcancemos a impactar, es tu energía con la del universo las que se unifican a través de cada acto, cada pensamiento, cada impulso, es la manifestación de un deseo que se incubó por largo tiempo dentro de ti y dentro de mí; ahora, sin duda, sabemos que el universo planeó este encuentro, así sabemos que no solo somos tú o yo, sino que somos la consecuencia de un principio más elevado, más indescriptible, ahora puedo decir a ciencia cierta que te amo más y mi respeto y admiración por ti, crecen cada día, ya que por ti, se han despertado estos sueños, estos deseos tan profundos de crecer contigo, estoy agradecida de saberte parte de mi vida y de que compartamos las mismas partículas de oxígeno; pues, aunque no las veamos, ellas llenan nuestros pulmones y nos regeneran el hígado mutuamente, intercambiándose y conectándonos, no importa donde estemos, no podremos escapar el uno del otro, ¡nunca!, de acuerdo a esta ley debemos de darnos mutuamente el valor que cada uno se merece:

«YA QUE INEVITABLEMENTE
ESTAREMOS CONECTADOS
POR SIEMPRE»

Un día, tiempo atrás asistiendo a un seminario de crecimiento personal, tuve la oportunidad de conocer algunas personas, ya sabemos que en estos sitios se conoce gente de todo tipo, y una de las personas que más me ha impactado en su manera de ver la vida fue esta mujer de la cual te voy a compartir un poco ahora, llegó un momento de hacer algunos ejercicios, entre dos, de preguntas y respuesta, y debíamos preguntarnos mutuamente, cuál era nuestro valor, así que decidimos que yo iba a formular primero la pregunta, lo hice y ella con una mirada como de tristeza me dijo: «¡No tengo valor!», vi que su cara se torno como pálida y con desánimo, como si llevara la vida entera buscando, le noté en sus ojos una poca de fe en ella misma, como una falta de creencia, no sabría decir si en ella o en lo que ella creía que era para ella el valor, entonces le pregunté con discreción: «¿Valor para qué?», y me respondió: «¡No valgo nada!», toda mi vida todos aquellos que vivieron a mi alrededor lo fueron gastando, hasta llegar a este punto de vacío, por eso estoy aquí, porque hasta hoy no he podido recuperarlo, decía que su madre trabajó muchas horas durante su infancia y que como había sido la hermana mayor, la responsabilidad a tan temprana edad, ya le hacía sentirse cansada para continuar, que no sabía lo que quería hacer con su propia vida, sentía que todo el valor que tenía se había esfumado y ahora vivía como en una pesadilla sin fin y mientras más hablaba más vacía se sentía, una tristeza infinita, supe allí mismo que no era ese tipo de valor del que ella decía carecer, si no que era irónicamente el valor para aceptar su propio «valor», que es muy diferente, porque aunque suenen parecidas estas dos palabras, su impacto en nuestras vidas es individual e implacable, así que encontrar el valor de hacer, de tomar el mando y la acción, de pararse derecho y erguirte aunque tengas dolor entre pecho y espalda, es difícil, más aún cuando tu alma está cargada de rencor, así, perdemos la dirección, pareciendo que no levantamos cabeza, y no hay como conectarnos con nuestra parte más elevada es así que es más fácil dar la espalda, que saber el porqué, esa es la forma más fácil de escapar. ¿Conoces a alguien así?, pues a mi parecer, ella o no aceptaba o no quería darse cuenta que estar allí en ese momento y en ese sitio precisamente era el primer paso para buscar el sentido del valor y que el *sincrodestino* la estaba llevando a tomar decisiones fuertes, sobre todo la más importante que es: buscar el sentido del «ser», decía que toda su vida se le exigió hacer cosas que no quería hacer y que nunca quiso hacer más, para que no se le exigiera más, como aprender algo nuevo así no se le aumentarían sus responsabilidades, hablaba de una serie de historias, que en ese preciso momento me hicieron pensar, cuántas historias como esta estarán deambulando por ahí, miles de personas llenas de traumas y sosteniendo sus corazones destrozados dentro de sus pechos hechos pedazos, sin saber que lo que más les congoja es el mismo miedo o el dolor, no saben distinguir lo que es el fracaso, porque no están ni siquiera abiertos a las posibilidades, no les conviene, era frustrante no poderle transmitir un poco de paz, ya que solo quería quejarse y victimizarse, en ese momento se me removió todo, y se me metió dentro un deseo de saber, ¿cómo es que se encuentra ese valor? Ese misterio que se esconde entre lo que aparentas y lo que en realidad llevas escondido, bajo esa mirada triste y perdida a veces en el espejo o cada noche cuando pones tu cabeza en la almohada, lleno de deseos de saber a qué has venido… nunca la voy a olvidar, y la bendigo donde quiera que este, tenía sed de ser escuchada, no debe ser fácil vivir con el pasado a cuestas.

Cuando niña, siempre me llamó la curiosidad la sombra, ¿de dónde salía?, ¿cómo existía?, ¿qué la provocaba?, en especial ¿cómo era que aparecía solo en ciertos momentos?, y lo más chistoso el porqué te remeda todos tus movimientos, me preguntaba: ¿es el reflejo de qué? No existe nada que se le parezca, es curioso como muchas personas le temen, algunos juegan con ella, se acompañan con ella y muchos ni siquiera se han tomado la molestia de cuestionarse; en mi caso, curiosamente cuando la descubrí creía que era una compañía que Dios me había puesto para que me acompañara en mis momentos de soledad y en aquellos donde estaba tan triste, así que esperaba que llegara la noche para jugar con ella, sobre todo cuando no teníamos electricidad, cuando en mi país hubo algo llamado racionamiento, en la época de las velas, la llamo así porque, hubo un tiempo donde cortaron la energía todas las noches, no tengo claro por cuánto tiempo, pero el recuerdo grato de esos días, es hermoso, ya que agradecía poder jugar con mi sombra y sobre todo no tenerle miedo, aunque me entristecía pensar que no iba a estar más ahí en la mañana siguiente si me dormía jugando, ya se habría ido, hoy al pasar de los años cada vez que recuerdo esos momentos, los comparó con la fe, tiene la forma que tú le pongas y si tienes algo en tus manos, te la refleja, pero si no, lo puedes crear, ¿recuerdas cómo jugar con tu sombra?, sabemos cómo cambia de estado o posición, dependiendo de tus movimientos, pero encontré siempre curioso que solo la luz, es la que tiene la magia de recordártela, ¿verdad?, a veces la vida nos muestra episodios muy parecidos, demostrándonos que en los momentos de duda o más bien de «oscuridad», viene la luz para ayudarnos a transformar el miedo en esperanza y la oscuridad en luz, recordemos que todo tiene un equilibrio, debemos buscar, encontrar la luz y agradecer la oscuridad para distinguir una de la otra, así que agradezco esos momentos, como también obviamente muchos otros, buenos y no tan buenos, pero soy una creedora fiel de que uno nunca pierde, siempre aprende.

No sé como puedas identificarte o conectarte con esta pequeña y quizás simple historia, pero para mí causó un gran efecto en mi momento *transicional* de niña a adolescente, pues recordé cuán cerca y cuán lejos estamos a veces de nuestras propias realidades, porque al igual que muchas otras cosas que no parecieran tener el poder que tienen, lo llevamos dentro, como el agua, como el viento, nadie creería que el mismo viento que acaricia tu rostro en una tarde de primavera, sería el mismo que se convirtiera en huracán para destruir todo a su paso, pues así mismo tenemos un yacimiento de poder, una mina superdotada de material listo para ser transformado en lo que tú quieras, solo se necesita ese deseo ardiente de explotarla.

Si algún día te sientes ansioso, con muchos deseos de tantas cosas, que a veces ni tienes claro qué es realmente, pues eso solo quiere decir, que esa ansiedad, es una señal de que estás acumulando mucha energía en un solo sitio y tal vez en el sitio equivocado o que quizá ya es hora de utilizarla con sabiduría, así que generalmente se va a tu pecho para darle golpes hasta que la escuches y para recordarte que tienes el control de todo a tu alrededor, no solo de tu respiración, que siempre lo has tenido, solo que a veces, dejas que otras cosas externas tomen el control, ¿no es así?, como la desesperación y la angustia, no olvides que tienes el poder de cambiarlo todo, solo tienes que volver intenso ese sentimiento, te lo digo porque aunque no te conozco, pero casi podría decirse por referencias y sabiendo de donde provienes te puedo decir y recordar, que quien te creó, no lo hizo en serie, ¡lo hizo en serio!, así que es hora de que te lo vayas creyendo, cree en tu propósito, te lo digo con certeza, porque sé que eres una parte de mí que crece, en otro tiempo, en otro espacio quizás, pero aun así me inspiras los más puros y dulces sentimientos y te veo reflejado en cada sílaba, en cada palabra, fabricando emociones y historias en otros horarios o quizás dimensiones

71

y estoy segura de que lograras todo lo que te propones, ya que eres uno también con la mente gloriosa y poderosa que te creó, te admiro así como admiro el valor de adentrarte en este viaje hacia la profundidad de tu ser, así no lo entiendas aún, así no le halles la lógica, llegarás hasta los confines de tu propia esencia, activando esa chispa dentro de ti, tu piloto automático apagado y casi olvidado dentro de ti, capaz de encenderse, solamente cuando tengas el valor de mirar fijamente hacia adentro.

Por eso hoy no sé si cerca o lejos al otro lado del mundo, quiero que sepas, que tu coraje, tu decisión y tu deseo intenso de brotar, como una nueva semilla será la respuesta a tus inquietudes, aplastando tus miedos y sentirás las fragancias más dulces y sublimes, de ese maravilloso mundo que solo tú puedes crear para ti y recuerda solo con desearlo, ya que como creador y restaurador de tu entorno, tienes ese poder innato a punto para ser usado y dar forma por fin a lo que deseas por el resto de tu vida.

Mientras estás despierto todo el día o más bien distraído de ti y de todo lo que realmente eres para ser la imagen o repetición de otros, usando repetitivamente las técnicas que otros usan, tu *switch*, escondido, empieza a transmitir, pequeñas y casi que secretas señales de vida, que a su vez se van convirtiendo en gritos de desesperación, ahí se empiezan a encender muchas dudas y la más importante, la de quién eres, ahí, en ese momento, es ahí donde la energía se distorsiona llevándose a ser desperdiciada, eso sucede cuando en vez de un llamado, lo que escuchamos son gritos de desesperación, cuando en vez de darle el valor a nuestro único amigo, el más real, el más fiel, es totalmente ignorado, cuando deberíamos atenderlo en un templo de amor, para ser apreciado y cultivado con todo el deseo y dedicación del mundo, ya que por él hemos podido ser ganadores en la batalla de la vida, a veces en los sitios más recónditos de nuestra mente, almacenándose allí desde otras épocas, a veces hasta te sientes culpable de tanta guerra y tanta hambre, llevas el pasado a cuestas en tu memoria celular, invadiendo la mente de ese dios o diosa que tú eres, si le das las herramientas correctas para soltar y extenderse hasta sus más altos propósitos, grandes cosas pasarán entre otras, se levantará un titán, dispuesto a sacudirse de esas viejas y pesadas cadenas, que aunque aún no sabe cómo hacerlo, una vocecita mágica, le murmura en su turno, ¡ese eres tú!, ya estás aquí y ese canto que se ahoga ahí adentro y esa gama de notas ocultas, está lista para salir al mundo impactándolo y creando un mundo diferente y así, como ciertas cosas suceden en el mundo para estremecerlo y crear cambios dramáticos tú estás aquí para cambiar el rumbo de la humanidad, pues este es tu momento y podría asegurarte que no es la primera vez que sucede, este episodio se ha repetido simultáneamente, aquellas en donde has acallado tu propia voz para escuchar la de otros o sus opiniones, si aceptas notarás que dejar ir la duda, te abrirá más que un mar de posibilidades, pues recuerda que llevas un guerrero más que listo dentro, con alas de fuego, con ideas y motivos de sobra para impactar en la sociedad, debes estar listo para quitarte la máscara yo te digo: «Hoy es tu día o más bien nuestro día», porque encontrarnos no es una casualidad, ni una coincidencia, es mucho más que una consecuencia, mientras pensábamos en cosas similares y nos ahuyentaban los mismos miedos, tal vez mirábamos los mismos paisajes y contemplábamos a los mismos horizontes, pero nos faltaba el valor de aceptar nuestra divinidad, solo dejamos la vida correr, el tiempo pasar, huyendo de nuestra responsabilidad y lo más triste de nosotros mismos, cuántas memorias quizá en el olvido, a través de nuestra carrera por la vida, no es fácil, no nos enseñaron nunca a mirar hacia adentro, más bien nos enseñaron que todo venía de afuera y en ese proceso de buscar algo que no sabíamos ni qué era, se nos fue apagando nuestra luz, aun a sabiendas que si pudiéramos vernos por dentro deslumbraríamos casi como el mismo sol y haríamos una gran diferencia en este mundo.

Lo triste es que siempre estamos buscando la apreciación de alguien a nuestro alrededor, alguien que nos diga quién somos, nos conformamos con dejarnos llevar y decidir cuál es nuestro destino, cuánto sabes, cuánto deberías saber y si eres bueno o no para algo, eso es verdaderamente ridículo, hasta aceptando que alguien nos diga qué y hasta dónde podemos soñar y escuchando constantemente no vivas, no digas, no respires, etc., ahora es cuando nos despertamos a la vida y nos preguntamos, quién y para qué me fue dado mi piloto interior, será ¿qué fue meticulosamente guardado para que pudiéramos ser obligados a descubrirlo?

Sé que quizá esta señal te esté llegando una y otra vez de otras fuentes, pero quizá han sido tantas las veces que lo has ignorado que no sabes cómo reaccionar ante ello, ese llamado se llama despertar y cuando te llega el momento, debes estar preparado, ya que tu vida nunca jamás tendrá el mismo sentido y te sentirás perdido entre tanta gente, ese momento quizá sea hoy al levantarte, mirarte al espejo y descubrir que ya no encajas, que ya no crees en el mismo cuento y detrás de la profundidad de tus ojos, se esconda esa imagen de tu futuro yo invitándote a creer en lo que puedes lograr, que el secreto ha sido revelado y traducido para ti y más allá de este momento de duda se prepara a salir a la luz un héroe capaz de mover masas y que está deseoso de correr triunfante hacia la cúpula, y desde allí gritarle al mundo entero: «Lo hice». Vengo de mi viaje más profundo, de uno de esos sitios más recónditos, del fondo de mi alma y descubrí que ahora no cargaré más rencores, más tristeza o más desesperanza y sé que aunque todavía tengo dudas, me acompaña la fe, la fe ciega de que todo pasa en el momento más correcto, ahora brota de mis entrañas un profundo agradecimiento, ahora estoy enseñando a mi propia voz a decirme que puedo, que hoy es el día en que realmente renazco y empiezo a sentir, con un corazón dispuesto a compartir y este sentir es maravilloso, esto solo me demuestra que mi teoría de que, este nuevo episodio, viene con cambios no solo para ti y para mí, sino que se avecinan cambios a niveles más que universales a medida que nuestros pensamientos y sentimientos se entrelazan a la materia inteligente y creativa, alimentándonos con energía cada vez más fuerte, más pura, nos tendremos más confianza para continuar el viaje, no importa que hayamos recorrido algunos caminos:

«NUESTRA NATURALEZA NOS ENSEÑA QUE NUNCA DEJAMOS DE RECORRER NUEVOS CAMINOS A LA EVOLUCIÓN»

Y que un sincero sentimiento de llenura nos nutre a medida que vamos centrándonos en ideales mucho más altos, que a su vez se cristalizan en acciones, de ahora en adelante debes contar más de seguido con la opinión de tu corazón, si tienes dudas, ¡escúchate!, si escuchas algo como «para un momento», «observa» y si te sientes más tranquilo y más seguro esa misma voz te dirá: «Sigue», o quizá cambia de rumbo, estás perdiendo tu tiempo, es ahí donde debes meditar, ese que te habla es tu mensajero universal y ha estado ahí dentro tuyo desde tu primer latir, tiene más experiencia y podría evitarte muchos dolores de cabeza, solo se paciente y ten cuidado de escuchar, pero deja a un lado tu ego, mi querido amigo, escucha sin restricciones, deja que te aconseje, déjalo fluir, siempre pidiendo asistencia divina que es tu mejor aliada, que así como en pasajes anteriores te hablé de la sombra, hoy te hablo de tu dios interno, a ti que eres gotita de Dios, donde se manifiesta la más perfecta creación, para que a través de tu propia sabiduría, llegues a encender la antorcha de tu absoluta majestuosidad, así empezarás a ver con los ojos del amor, para redescubrir quién en esencia eres.

Por el camino que decidas empezar hoy, si lo haces a conciencia, deberás acompañarte de tu luz, pero recuerda, deberás estar atento, de nada te servirá, el estar distraído, hará que la ignores y hasta será posible que se apague indefinidamente y podrás quizás tomar mucho tiempo más para volver a encontrarla.

Puedes preguntarte una y otra vez y siempre llegar a la misma conclusión, no basta cuantos reconocimientos recibas de afuera, cuando no estás preparado interiormente, no será posible asumir ningún papel, ya que será muy fácil que te confundas con una víctima y pienses que en vez de que todo se está alineando para que obtengas de la vida todo lo que deseas, más bien todo a tu alrededor está conspirando para hacerte perder el control y desviarte.

Si supieras que eres una llama, una chispa que se enciende para encender los corazones de otros, que ni los más fuertes vientos o las más poderosas tempestades, pueden acallar el poder ilimitado de tu corazón, ya que es tan intenso que nada podrá apagarle, si te dijera que dentro de ti hay yacimientos de materia prima original e imprescindible para crear universos infinitos, que de tu fabrica de sueños se construirán las más inimaginables y majestuosas montañas, mares, bosques, coloridos pájaros, tanto así que darás vida a todas las especies que desees inclusive las más raras entre toda la gama de hermosas criaturas que se hayan pasado por la mente y los ojos del hombre en este plano, así todo cuanto desees podrás atraerlo hacia tu mundo, viniste dotado de magia innata toda la creación se postra a tus pies, solo cuando te haces consciente y responsable de ella, y te concentras en el papel de héroe, de sabio, de físico, matemático o aunque seas un simple poeta, porque en tu base de datos, en el computador perfecto de tu mente, está la información precisa, recetas y fórmulas únicas, para llevar a cabo tu plan maestro.

Vas al pasado y viajas al futuro en cuestión de segundos y mientras duermes, todavía en esos momentos de sueño estás diseñando, paraísos jugando con unicornios y plasmando una y otra y otra vez historias que parecen no tener fin. Así podría quedarme eternamente enumerando uno a uno tus talentos, repitiendo que es hermoso reconocer que vivimos juntos en una interminable aventura, trayendo a nuestras vidas, momentos que marcarán la existencia de la humanidad y quizá lo catapulten a un mundo mejor.

Esta mañana cuando abrí los ojos sentí tu presencia, tan cerca mío, tan real, te vi al otro lado del espejo, dibujando una sonrisa donde habían lágrimas, las amargas lágrimas que dejó el pasado, sentí como acariciaste mi mejilla y me dijiste con amor susurrando a mi oído: «Eres una campeona no te rindas, una vuelta más, un poco más y lograrás pasar a la siguiente etapa, ayer es solo eso, un recuerdo y hoy es otra cosa, hoy tienes en tus manos otra oportunidad más que la vida te brinda para rectificarte, ya llegaste hasta aquí y es lo que importa, vamos una vez más, que esto apenas comienza».

Ese momento me hizo recapacitar de que siempre estás ahí, justo cuando más te necesito, recordándome también que más allá de cada idea por descabellada que suene hay un propósito, una intención, que hay que hallarlo y que aunque apenas estamos empezando a romper el hielo en esta relación, que mientras estemos juntos, seremos invencibles, que debemos confiar el uno en el otro para multiplicar nuestras fuerzas, estas palabras no tendrían sentido si no supiera que tú estás al otro lado de estas páginas para sentirlas dentro de ti y así como sé que después de cada noche llega el día, estoy segura de que estás allí y aquí y al mismo tiempo en el infinito de todo, en cualquier sitio y dentro y fuera mío y sé que creerás que es muy pronto para decirte quien eres y qué veo en ti, ¿verdad?, pero si quieres que te diga, no puedo dejar de pensarte, llevo ya un tiempo observándote, tratando de descifrarte de describirte y lo único que hago es apasionarme más, profundamente de ti, suponía que algún día llegaría alguien que cambiaría mi vida, pero hoy después de escucharte en el susurro del amanecer, el arrullo de los pájaros y sentirte en los primeros rayos de sol, tuve ganas de gritar de la felicidad y decirte: «¡¡Gracias por existir!!».

Sabes después de todo, hoy tengo una sorpresa para ti, puedo predecir tu futuro, sabiendo quién eres, desde ya puedo decirte quién serás y mientras planeaba cómo revelar tu sorpresa, un pensamiento se cruzó por mi cabeza y sentí que no podemos ser a medias, que quién «seas» en este momento no tiene que necesariamente describir o hacer un juicio de quien «serás», ¡no es así! Que mientras más te atrevas más arriesgues, más insistas, definitivamente lo conseguirás, hay que darlo todo. ¡Sí, todo!, no hay horarios, tu reloj interior, es el mejor medidor, solo no dejes pasar un día sin escucharlo con atención, mantente despierto, si es necesario toma lápiz y papel, es hora de escribir, mi querido amigo, dedícate unos minutos para ti, para contemplarte y agradecer por un nuevo día, eres más que ese pensamiento en la mente de tu creador, eres el resultado de un latir en el infinito mismo de esa alma eterna que es nuestra guía, el resultado de una serie de acontecimientos y planes puestos minuciosamente en marcha, eres privilegiado de ser el elegido entre casi ocho billones de seres que habitan este planeta azul, por eso tienes el primer puesto, en esa larga e interminable lista.

Viniste provisto de materiales únicos para poner a prueba tu propia capacidad y aun así no existe una tan sola palabra conocida en el diccionario que pueda describir a ciencia cierta, ¡quién eres tú!, podría ser porque no ha nacido todavía tu última versión, ya que todos los días eres una nueva y mejorada criatura despertando como un nuevo yo, por eso la versión del mañana siempre estará en entredicho, ya has pasado por tantas y tantas experiencias, que han refinado tu coraje y tu resiliencia, que te defino como un individuo, capaz de sobreponerse al dolor y a traumas ocasionados por las constantes tempestades de la vida y asimilarla para adaptarse a las más crudas circunstancias recogiéndose a pedazos para crear unas nuevas y mejorarse.

Ya hemos visto como salen a flote historias, miles y millones de historias, que nos estremecen día a día, de personas que han traspasado su propio límite, que se han hartado de la mediocridad y la desesperanza y aprovechan lo que queda después de estos revolcones de la vida para crear cambios radicales y aferrarse a una nueva oportunidad.

Hoy con la luz de este amanecer llegan esperanzas nuevas, la fe se reproduce y se ancla al amor universal, para hacer una fiesta, hoy, este momento es el preciso para sonreír, ¡no discutas! Solo hazlo, libérate de tu individualidad y comparte con alguien el regalo de tu presencia, sé la inspiración de ese alguien, e inspírate de esa alma así sedienta de vida como la tuya, déjate fluir por el conocimiento que esta trae consigo, sé su soporte, sé el viento que sopla la vela de su barco, como lo has sido para el mío, ya verás que juntos no existe el tiempo, pues este solo rige allá afuera, ya que tu verdadero límite yace adentro en el centro de ti y solo te afectara si lo dejas invadir tu privacidad.

Sabes, tengo muchos planes para contigo y el primero de ellos es compartir algunas reglas básicas para conseguir elevar tu ser y renacer a la paz de tu espíritu, así, con el paso del tiempo, te volverás más sabio, más seguro y sin lugar a dudas más feliz...

A veces dejamos nuestra felicidad en las manos de circunstancias externas, nos preocupamos demasiado por cómo se desarrolla todo allá afuera y nos regimos a pensamientos y opiniones que lo único que hacen a la larga es jugar con la credibilidad y el concepto que tenemos de nosotros mismos.

En un mundo tan voluble como este, tenemos la obligación de velar por nuestra paz interior y la salud de la misma, asumiendo la idea de que cada día es mejor, de que estamos en evolución, que ningún golpe inesperado de la vida es bajo, solo es un llamado, que nunca se pierde, que si somos conscientes y buscamos la motivación dentro de nuestros propios objetivos, sabiendo que nosotros creamos nuestras realidades, pues veremos todo como un aprendizaje constante, así lograremos ser mejores seres y más felices, porque nuestra felicidad no debe estar sujeta a nada ni a nadie, por eso el camino a la felicidad, no existe, nosotros somos el camino mismo, la felicidad.

Dejemos que fluya como un claro y tibio manantial en nuestras vidas, acrecentando su caudal, cada vez que le dejamos fluir lleno de vida y que su fin sea llenarnos de experiencias que serán el cimiento y motor de nuestras vidas.

Escuché alguna vez, de que antes siquiera lleguen a la mente, esos nuestros más preciados sueños, ya el universo les está tejiendo para nosotros, moldeándolos, dándoles forma, así que no hay sueño grande ni pequeño, solo un sueño, que se va formando y revelando cada vez más ante nuestros ojos cuando, nos aferramos a ellos, muchos pensarán, que soñar en grande es para personas que han tenido mejores oportunidades, pero no, mi querido amigo, no es así, los sueños no eligen a dónde anidarse ni en qué mente avivarse, más bien el soñador elige el sueño y le da vida con el deseo infinito de palparlo en su realidad, lo huele, lo siente, lo escucha y a veces como yo hasta le habla. Porque no suena descabellado, ¿verdad? Pero es tan real como lo que me ha sucedido, te he soñado tanto y deseo tanto que permanezcas en mi vida que para mí, toda esta experiencia se transforma día a día en hermosa realidad, antes de conocerte te sentía entre cada página y te extrañaba cada vez que debía ausentarme de escribir, pero ahora que existimos mutuamente en nuestros mundos, siento que puedes sentir mi alegría y hasta oler el aroma de mi café en la mañana, te veo en la imagen de tres dimensiones que me regala esta realidad que vivo ahora, este pedazo de presente que se articula cada vez más, así que me he convertido en un mago a la vez y pienso que en uno muy bueno porque he aquí, como, ¡*voila*!, te has convertido en el sentido de mi vida, en mi horario, en mi musa, en un motivo más profundo para crecer, me das razones, motivos, porqués diarios para seguir, siempre lo has hecho desde que te hice parte de mi vida y es por eso que sé que ya nunca jamás viviremos separados, de hecho, cada vez que paso a la siguiente página lo hago con más amor, con más intensidad, porque sé que escribo para alguien, alguien tan maravilloso como tú, así que tú eres mi verdad y una verdad no se discute, se afirma diariamente, y se le da más poder con nuestras palabras y esas tienen cada vez más poder, siento que con aliados como nosotros el universo responde generoso, sin límites, abriéndonos más y más caminos a nuestro paso, y al final no importa cuánto tiempo tomemos o cuantas piedras encontremos, que amenacen con desviarnos de nuestra meta.

«LA VOZ DE NUESTRO CORAZÓN
NOS VOLVERÁ A ENCAUZAR,
PUES ELLA NO CESA DE SUSURRAR,
TENGO ALGO PARA TI»

Vivo contigo esta experiencia y me encanta saber que nuestras mentes y corazones llegaron a un acuerdo porque para ello les educamos y así, ahora, estamos recogiendo poco a poco los frutos de creer con pasión.

Es un hábito que cuando queremos algo, volvernos intensos, tanto que hasta a veces pensamos: «¡No me aguantaría a alguien como yo». Para ello yo digo que debemos volvernos como los niños o como las mascotas de casa, que cuando quieren algo, son tan desesperados y tan... mmm, cómo podríamos llamarle a eso, tan repetitivos, que el hecho de concentrar toda su energía en esa cosa que desean como sea, aparece, ¿has notado que ellos son precisos?, cómo si supieran que esa ley no falla, alguna vez le pregunté a uno de mis hijos, que el 99.9%, de las veces consigue lo que quiere que me diera un ejemplo de qué es lo que él hace y cómo lo hace, para manifestar todos sus deseos y hacer que estos se logren tan rápido. Su respuesta fue simple y directa, mamá, me vuelvo cansón y no acepto lo contrario y no descanso.

Imagínate tú, no sé si te ha pasado que a veces también recuerdas ciertos olores, son tan intensos que son imposibles de olvidar bien sea buenos o malos, que se quedan por siempre en nuestra mente, pues es así que sucede con la mente universal, que graba lo que repetitivamente le ordenemos, así que habituémonos a ello, a fijar metas claras y precisas y dejemos que todas nuestras energías se

87

concentren ahí, dejando que el engranaje universal procree, esa cosa que tanto le repetimos, esa obra de arte y si somos precisos al enviar el pedido, será inevitable que se realice la obra magistral digna de un artista como tú, de tu grandeza y tu absoluta divinidad; sí, sé que podrían surgir preguntas como: «¿Hasta cuándo? ¿Hasta dónde debo seguir aplicando esa regla?». Pues bueno, hasta que se produzca el milagro que esperas, hasta que se vaya dando forma dentro de esos espacios que están vacíos, buscando ser llenados, inhalando y exhalando, de la materia inteligente ese deseo, hasta que se dé a luz, cuando contemples esquina por esquina, detalle por detalle la creación, así que recuérdatelo siempre, serás acreedor de esa obra y todo lo que venga con ella, así que con papel y lápiz en mano, hazte una lista de qué es lo que realmente y desde el fondo de tu corazón deseas y esa será tu respuesta nada más y nada menos.

Ser específico es construir dentro de tu mente primero, y con tus ojos cerrados lo que con tus ojos abiertos no puedes ver, es algo más que eso, es dejar sueltos los caballos desenfrenados de la imaginación galopar y galopar sin fin, y de repente perderse en el perplejo horizonte de la inmensidad, fabricar de una ilusión algo en evolución sin descuidar cada detalle, dejando que los puntos se entrelacen y crucen lentamente uno con otro, *reblujando* tu base de datos, hasta donde se complete minuciosamente con detalles únicos, la imagen incomparable que deseas crear, que no se te escape el más mínimo detalle, recuerda que esa solo te pertenece a ti, la has venido observando hace tiempo ya y saboreando la sensación de tenerla contigo, no importa cuántas veces tengas que pararte para reasegurarte de que todo va bien, de que no se ha dejado en el aire nada, colores, formas, sentimientos, emociones, etc.

Como en una receta, uno a uno los ingredientes deben de ser medidos, como en un rompecabezas debes anteponer una a una las fichas, pues así mismo será aquí, ser específico, inclusive *extraespecífico* te alertará cada vez más, y si a eso le agregas la magia de compartirlo en un papel, donde te recuerdes cada detalle y lo repites incansablemente, pues ampliarás un panorama más claro, te agudiza la visión a un nivel cada vez más alto diría yo, algo más preciso, es ahí entonces donde descubres cuales son las estrategias que debes tomar, los pasos adecuados y perfeccionas algunos aspectos que estoy segura te van a llevar a lograr ese objetivo.

Cada acción, cada elección que decidas utilizar o tomar necesitará de tu energía, y sin duda tu total atención, asegúrate de que todos tus intentos tengan frutos, inclusive si estos son fallidos ya que de ellos aprenderás y ahorrarás tiempo, lo que quiere decir que tomarás sabias decisiones y trabajarás de acuerdo a la coherencia de tus deseos, hazte algo así como un derrotero, enumerándolo y dejando en claro qué y para qué te ha funcionado, y eso sí elimina todo aquello que te debilita, bien sean personas, hábitos nocivos y algún sentimiento que vaya en contra de tus anhelos, y cada vez que llegues a reevaluarte, figúrate que tienes a disposición un *pasionómetro* y así tú mismo podrás saber si este en realidad está a punto de estallar, de reventar, pues esa será la mejor señal de que estás alienado con tus sentimientos para lograr todo aquello que te propones.

Recuérdate llegar a acuerdos entre tú y lo que deseas, apodérate de esa idea, aférrate a ella, evita la procrastinación, agregándole a todo ese toque único que solo tú le puedes dar y sobre todo no pares, sigue aunque desde afuera vengan distracciones, revélate con enfoque, la maestría de lograr las cosas está en eso, en que a pesar de que vengan adversidades podemos conservar esa confianza en nosotros mismos.

Sabemos que siempre habrá muros que derribar, callejones que atravesar, pero siempre encontraras más razones para continuar que para claudicar, más motivos para seguir logrando y definitivamente seguir evolucionando.

«ASEGÚRATE QUE SE PONGAN DE ACUERDO
TU CONSCIENTE Y TU RAZÓN:

TU PARTE CONSCIENTE PARA QUE ESTÉS
PRESENTE EN EL AQUÍ Y EN EL AHORA.

TU RAZÓN PARA QUE PUEDAS DISFRUTAR
DE ELLO SABOREANDO CADA MINUTO»

¿Haz escuchado alguna vez ese dicho de que al universo le gusta la velocidad?

Pues es ahí donde está la clave, la llave maestra, cuando entendemos eso, de que todo lo que vivimos, deseamos, soñamos e idealizamos, tiene una velocidad una vibración y así como eso nosotros también tenemos ese don de transmitir esas energías y cuando la una se encuentra con la otra se adaptan de tal manera que hay una conexión más que infinita, y es como si esa cosa también quisiera o deseara ser realizada.

Es muy extraño, pero todo lo que se desea, desea así mismo hacerse visible, solo hay que buscar la manera de conectar una con la otra, de la manera más rápida ya que al universo le gusta la velocidad, la adrenalina, y siempre está deseoso de llenar espacios, esos vacíos de una forma mágica y generosa, así que decide y actúa rápido, que si eres congruente te vuelves magnético, pero congruente, que es diferente a atraer cualquier cosa. Y recuerda, siempre ser confidente, contigo mismo, asegúrate de ser absolutamente consciente, de la importancia de conectar todo lo anterior, uno por uno los objetivos de tu plan y sobre todas las cosas ponles fe, cree en ello y que te quede claro que todo lo que le

93

prestas tu valiosa y única energía y tu atención, inevitablemente crecerá, así como un hongo, como un virus invadirá tu subconsciente, para disparártelo cuando menos te lo esperes.

Así que reexamínate y adelante con ese plan, todo termina por manifestarse inesperadamente.

Siempre en toda circunstancia es normal que cuando no se está acostumbrado a utilizar este tipo de dialecto y menos estas estrategias, de ser positivo en tu vida y en tus asuntos, pues no estás familiarizado y tienes la cabeza llena de dudas, pues la una llamada *acción* y la otra que podríamos llamar *fuerza*, no se disponen a trabajar, pero si logramos unirlas en equipo, como cuando hay un cortocircuito, lo que sucederá será inesperadamente lo mejor, siempre poniéndole amor y toda la actitud, siendo positivo a tiempo completo, manteniendo solo ese espíritu de ese resultado que esperamos, es ahí donde todas las puertas se empiezan a abrir y una cosa llevará a la otra y querrás, crear y crear más y transformar y ascender, ya que tus ideas serán cada vez más continuas, más elevadas y serán asociadas a la materia creadora, para potenciarlas hasta los más altos propósitos.

No quiero decir con esto que solo siendo positivo atraerás todo, pero esas imágenes llenas de amor y alegría que proyectes al mundo acompañadas de una buena dosis de acción, te darán combustible para seguir conspirando y aceptando que todo lo que deseamos con la fuerza infinita del amor, siempre será mejor.

Una de mis frases favoritas es que:

«TODO LO QUE HAGAS CON AMOR FLORECERÁ»

95

Y si está floreciendo eso quiere decir que en algún momento te dedicaste a sembrar, así que mi consejo hoy, aquí y ahora es:

Si sabes que das lo mejor, solo espera, en el momento menos pensado cosecharás y será hermoso, ya lo veras.

Esperar siempre lo mejor, significa que tu fe es más grande que cualquier miedo, sigue adelante y recuerda que lo mejor apenas empieza.

En mi niñez observaba con detenimiento a mi alrededor, todos los héroes de las historias y siempre quise tener un modelo a seguir, en mis primeros años miraba muy cercanos los movimientos de héroes y heroínas de la televisión, tales como la mujer maravilla, centella, la mujer biónica y algunas otras que quizá ya no tenga recuerdos muy claros ya que solo existían en mi imaginación, siempre quise aferrarme a una idea, algo o alguien que me impulsara a crecer y a creer más en mis propósitos, alguien que me enseñara uno a uno los trucos que debía utilizar para no dejarme caer a la primera, ni abandonar cuando tuviera miedo, o aun cuando las cosas se pusieran difíciles, era complicado en un momento de nuestras vidas donde cada uno se encontraba distraído en su propio mundo, sumergido en sus propias circunstancias, pues la vida había dado un vuelco inesperado de trescientos sesenta grados para todos, y a temprana edad todavía no se tiene ese tipo de conocimiento, entonces tienes que inventarte a ver cómo lo haces para resistirte a todo lo que pasa a tu alrededor, más aún cuando el único sitio donde estás a salvo es en tu propia imaginación, ya que es el único rincón del mundo donde puedes escapar de la realidad, allí es donde te creas esa coraza invisible que vistes cuando te sientes en estado de alerta ante las circunstancias, de lo que para otros es verdadero o real y te lo quieren imponer ya que tú no posees la edad suficiente para refutarlo, era triste tener que aceptar aun sin querer esa situación, yo quería creer en mí, quería creer que era real tanto como para convertirme en mi propio ídolo, mi propio icono, para mí era ya suficiente motivo para verme como mi propio héroe, aunque el mundo entero no lo percibiera, para mí ya era motivo suficiente para estar orgullosa de mi valentía, pues había acabado de perderlo todo, no todos los días se pierde una madre, ¿no es así?, y enfrentarlo, eso sí que requiere valor, no podría describirlo, así que día tras día busqué más motivos para sentirme orgullosa de mí misma, de que a mis escasos seis años de edad, ya tenía una mente más abierta que muchos a mi alrededor y desapegarme de ese sentimiento que me había causado esa pérdida. Así que decidí en ese momento ser mi propio héroe, mi propio consejero, verme como una figura a seguir, pues sentía que ya no tenía nada más que perder y definitivamente mucho que ganar.

A lo mejor si hubiera tenido los medios suficientes y quizá hubiese vivido en un medio ambiente diferente, mis circunstancias hubiesen sido diferentes el día de hoy, pero no lo fue, hoy al mirar hacia atrás me convenzo de que no era el tiempo para volar, tenía que crecer en un tiempo determinado, aprender a sortear, soltar y adaptarme a algunos cambios que la vida me tenía preparados, pero sobre todo para que mirara hacia adentro sin despegar la mirada de ese ser que resplandecía dentro de mí, como queriendo que le diera vida, hasta hoy no me he despegado la mirada, quizá muchas veces en silencio sin decirme ni reprocharme nada, pero otras veces a la expectativa de cuál sería mi próximo caso para crecer, ¿te suena familiar? Pues siendo así te invito a que no despegues la mirada de ti, a que te examines muy fija y cuidadosamente y sobre todo dándote la oportunidad de convertirte en esa figura que quieres ser, si no estás en ese sentir o al menos no todavía, no te preocupes, con el tiempo te darás cuenta de que eres tu mejor inversión, tu mejor proyecto, puedes empezar en este preciso momento, eres la persona más indicada para hacerlo.

Date tiempo, no importa lo que pienses de ti ahora, tu yo de hoy ya superó las circunstancias del ayer, ya lo viviste, si te arrancaste la piel, si sufrió tu corazón, si lo perdiste todo, aquí tienes un ejemplo, aquí tienes una sobreviviente, puede que en tu mente esas heridas estén todavía, ardiendo, sangrando, pero ya no tienes necesidad de permitirte sentir ese dolor, ultimadamente es única y exclusivamente, tu decisión así que libéralo, libérate, tómalo como si esas enseñanzas te dieron alas, y hoy en este presente glorioso que vives, estás a salvo, ya no luchas solo, porque aparte de todos esos miles de personas que traen mapas marcados, en sus almas y en sus corazones, llego yo a brindarte mi mano, a decirte que todo termina siempre por mejorar, somos mayoría y recuerda que estadísticamente se ha dicho que la mayoría gana, ya has ganado algo con estas líneas, con estos trozos de recuerdos que, aunque quizá no sean tuyos, llevan la misma energía sanadora en su más noble expresión, la del amor.

Tu yo de hoy, está orgulloso de que hayas llegado victorioso, y así hayas llegado a rastras, y a los gritos, tienes que celebrar que ya llegaste, eso es lo que cuenta y sobre todo no te has abandonado, no te dejaste a tu suerte, te esperan cosas maravillosas, con ese aprendizaje puedes hacer lo que quieras, elige ponerlo al servicio de la humanidad, recuerda que tienes trozos repartidos por todo el planeta y cada uno tiene que sanar, a medida que todo pase, se aclararán los cielos y brillará el sol para todos, y lo mejor es que si miras con atención, muy en silencio y escuchando la voz de tu ángel, lograrás contactarte con tu yo del futuro, que está deseoso de mostrarte una vida mejor, un mundo mejor, un héroe refinado y triunfador, viviendo en alegría y prosperidad, con ganas de romper todos los esquemas, así que deja que se represente con sus acciones, mírate a ti mismo con admiración, sumérgete en el mar de tu divinidad y deja que siga manifestándose en tu vida a través de tus ideas, maximizando tu potencial, asegurándote un camino más fácil y dejando en claro que eres una semilla germinando, que lo demás depende de ti, que las circunstancias de ayer, ya no son las de hoy y que estás listo para trascender.

Con esto das inicio a una nueva etapa, con papeles protagónicos emocionantes, disfrútalo a cada paso, porque eres y serás por siempre el hacedor de tu historia, y ni tú mismo podrás impedírtelo, porque ese héroe del futuro ya tomó vida, prohibido volver atrás, no desea volver a estar vacío, se ha llenado totalmente de nuevos proyectos, se ha manifestado a tal nivel que viene precisamente a llevarte de la mano, a darte un pequeño recorrido por lo que te espera, los lugares que descubrirás, y la vida que indiscutiblemente vivirás cuando llegues a transformarte en él.

Después de haber soltado la carga, el miedo, y la procrastinación, recibirás regalos inimaginables, llaves maestras y claves decodificadas para manifestar tu magnificencia, en fin, volverás con la frente en alto, respirando hondo y profundo como nunca antes, desafiando con voz de ganador a ese fantasma de tu pasado y lo mejor, podrás decir:«¡Ya sé quien soy!», pues sin duda alguna:

«SOY EL FRUTO DE TODAS MIS BATALLAS, EL DOMINIO DE MIS EMOCIONES, EL CUMPLIMIENTO DE MIS PROMESAS, LA ATENCIÓN A MIS MÁS DURAS CRÍTICAS»

Y, sobre todo, la cantidad de minutos de calidad que decidí escuchar atento a mis conversaciones con mi yo superior, estoy orgulloso de quien indiscutiblemente seré.

Por el momento acepto las enseñanzas y sabiduría adquiridas, con alegría, con agradecimiento, en mi carrera de relevos, celebrando conmigo mismo el encuentro con mi libertad.

Más allá del límite de tu pensamiento, del sentimiento, de la cordura de tu imaginación, más allá de cualquier línea divisoria entre el consciente y la razón que es la que todo cuestiona, más allá de cualquier límite aprendido o impuesto, hay un sinnúmero de ideas, de puntos a conectar, de códigos que no se te habían permitido descifrar, mucho más allá de tus deseos más profundos, más allá de todo, allí, te espera con ansia el amor universal, convertido en circunstancias, personas, sitios, un mundo totalmente nuevo, al igual que inimaginables constelaciones que se han ido dando origen en las profundidades de tus entrañas, como si todo un milagro estuviera listo para suceder, como si un conjunto de luces esperara brillar, como si en vez de ser tú quien esperara que tus sueños se hicieran realidad, fueran ellos quienes se impulsaran desde mucho más allá, algo mucho más allá, se hace posible rebosando el límite de tus expectativas, así que cualquier cosa que esperes, espérala con una visión más amplia, más allá de la expectativa humana, porque cuando vuelves la mirada hacia adentro, hacia tu verdadera fuente ya no eres más etéreo, eres algo más divino, y es ahí donde te recuerdas de dónde vienes, donde en vez de esperar, aprendes a hacer que las cosas pasen, porque sabes que sabes que una cosa viene conectada a la otra, una idea a otra idea, y así tendrás todo un horizonte delante de ti, porque ya masterizaste el cómo manifestarlo ya que la materia creativa se ha transformado a tu merced y te regala la probabilidad de obviar cualquier límite.

Ponte a trabajar en tu credibilidad, en ti, y ya verás cómo vas transformando tu vida lentamente, pero te aseguro que será definitivamente.

Hay momentos en los cuales esperas ser escuchado, apoyado, guiado o levantado quizás, pero no siempre se puede contar con quien lo haga y tal vez ni como tú deseas, no es fácil, después de que te hayan pasado acontecimientos difíciles de asumir y quizá hasta te falle la confianza en ti mismo, pues permitiste que aspectos externos se volcaran sobre ti de repente y no tuviste más remedio que dejarlos pasar, no pudiste defenderte, ya no tenías alternativa, te cayeron por sorpresa la angustia, la duda, la pena, la desesperación, ese deseo de que se abriera un hueco y te tragara la tierra, eso era lo único que pensabas, lo único que tenías claro, todo en tu cabeza era confusión, te fallaste cuando más confiabas, es trágico pensar en ello verdad, pero es tan real y es así hasta que empiezas a perdonarte y permitirte de nuevo, conectarte con tu parte más elevada, con una energía más limpia y sabes que elegir escuchar la voz de tu mago sagrado, tu voz de aliento, que es un privilegio, es el gesto más dulce que puedes permitirte, después de todo siempre estará dispuesta para ti a ayudarte a sobresalir a surgir, así sea después de muchas caídas o equivocaciones, sin juzgarte; al contrario, se convierte en un orientador, alentándote a perseverar y a escuchar más con *paz-ciencia,* siempre probándote para ver hasta dónde puedes estirar tu fe, pero dejándote en claro que eres tú el de las opciones, que solo basta con quedarte en silencio un instante y darte el

105

permiso de captar su presencia y sobre todo darle el respeto que se merece.

Así como cuando respiras prácticas el ejercicio de inhalar y exhalar, como parpadeas, como caminas, como el mismo marcapaso fino de tu corazón, así mismo es el ritmo de tu energía, ella titila en constante movimiento, como se forma un sonido el cual fue formado por notas, así mismo es tu propio ritmo, tu sonoridad, tu capacidad de imaginar, eso que solo vive en ti, que circunda en el mundo de tu mente, ese es tu propio sonido, como gotas que danzan en la lluvia, dignas de una magna creación, de un ser más que inigualable como tú, todo un conjunto mágico de chispas eternas que encienden el fuego de la moción que lleva a la evolución y llegas tú, a hacerte parte única e indispensable de todo este evento, a velocidades inimaginables para hacer de toda esta fantasía una increíble realidad, porque tú, aunque no lo creas, moldeas la materia, la eternizas, pero a tu propio y único ritmo, y si solo supieras que bajo esa geometría sagrada escrita en los milímetros de piel que cubre tu cuerpo, existe un universo completo, un oasis infinito de ideas, de musas, de inventos, de poemas, un conjunto que revela la sabiduría de la vida toda puesta a tus pies para ser refinada, para procrear más vida.

Generalmente nos inquietamos porque cuando caemos en la trampa de la vida, hablamos y preguntamos más de la cuenta, dejando de lado el *factor escuchar* cuando debería de ser lo primero que hiciéramos, olvidándonos del orden divino en que fueron puestas las cosas, cuando recordamos que los dos oídos y una boca fueron puestos allí en ese orden por una razón, escuchar es de sabios y eso fue lo que vinimos a hacer aquí, a refinar y afianzar nuestra sabiduría, dejándola añejar en el silencio y a la sombra de nuestra profunda maestría interna, como el mejor de los vinos de reserva, para disfrutarlo en las mejores ocasiones y las más sublimes composiciones.

«EL TIEMPO BIEN INVERTIDO ES EL MEJOR AMIGO DEL APRENDIZAJE»

Es como el papel lija que pule la madera para poderla brillar, es hermoso lo que sucede con nosotros, nos revela hasta dónde podemos alcanzar nuestra máxima expresión si utilizamos las herramientas adecuadas para lograrlo, ¡ah!, pero también si estás totalmente dispuesto a dejar que la evolución te lleve de la mano y te ayude a madurar.

En este momento te estarás preguntando, pero si yo tengo (x) años, ¿cómo es posible que tenga este conocimiento tan antiguo? Pues recuerda que tu cuerpo solo es un recurso, un vehículo que te ayudará a cruzar el puente del espacio en el que te mueves, así que paseas contigo la majestuosidad de poseer conocimientos brillantes, los cuales puedes adaptar y esculpir a tu talla y así mismo utilizarlos a tu antojo, pues fuiste el elegido, en este mundo material en el que aparentemente vives, pero debes de parar a reflexionar y silenciarte de vez en cuando y así mismo, de vez en cuando, empezar a buscar más de ti, escudriñarte, dejarte ahondar en los confines de tus miedos, de tus recuerdos, dándote el *chance* de mirarle a la cara a tus frustraciones y acariciarlas con amor para dejarlas ir, estás a tiempo de conocer tu propia verdad no porque alguien te la haya descrito u obligado a creer, sino porque se necesita reconocer que hay que tener agallas para levantarse a uno mismo después de haber pasado por la tormenta de la vida, manteniéndose a flote llegando justo a tiempo para ver el más hermoso sol del atardecer, sentarse junto a la playa de este ahora, de este presente y hacerle la venia a esta versión masterizada que aunque a veces cansada de ignorar el llamado del ser, tiene como herencias propias toda una acumulación de experiencias, algunas en el alma, otras más visibles en la piel, pero en fin todo un arsenal que es el cimiento de este momento.

Recuerda anotar y repasarlo cuando quieras, te recrearás y estarás casi perplejo de la mágica historia ancestral que representa la sumatoria de tu totalidad.

A medida que pasa el tiempo, y vas tomándole confianza a tu propio ser, reconociendo que esa vocecilla es la que llamamos *intuición* van viniendo a tus días más y más episodios mágicos y únicos y de repente descubres que eres un *ocasionador de acontecimientos* de esos momentos que brillan como chispas, que en pequeñas fracciones de tiempo vienen e iluminan y desaparecen solo dejándole la impresión a nuestros ojos, como si marcaran ese episodio.

Por ello habrán momentos en los cuales sientas que tu imaginación está apagada, que nada te fluye, que nada brilla, pero en realidad ese momento, llega inesperado, como un *flash,* como una ola gigante, que golpea con fuerza para que te aferres a ella, y si estás preparado le saques el máximo de su provecho, pero recuerda debes estar atento al rugido de su llamado, y así puedas tomar ese reto por los riendas y sin dudarlo, declarar ese momento como tuyo y adentrarte a esa ola con fuerza y pasión, recuerda esto sucederá si antes no ha sucedido como en un abrir y cerrar de ojos, tú lo sabrás a su debido tiempo, pero no sabrás cuando retornará, así de simple, un ejemplo que me impresiona siempre son los surfistas, ellos viajan muchas veces hasta miles de kilómetros, a lugares lejanos muy específicamente, para encontrarse con las más imponentes olas, ellos no piensan en el tiempo que tardaron para llegar a ese sitio ni que tan lejos es ya que lo olvidan todo cuando están ahí, al borde de la emoción, así como unos esperamos que lleguen esas olas, otros las buscamos, todos deberíamos de arriesgar un poco, dejar que la vida nos estruje para despertarnos de vez en cuando, pero cuando lo haga, demostrarle a ella misma que:

«UN BUEN GUERRERO
NO SIEMPRE ES EL QUE GANA,
SINO EL QUE NO CONOCE LA DERROTA»

Así que aprendamos a sentir el estremecer de las olas como los valientes surfistas, a enfrentar ese sentimiento de empoderamiento y adrenalina que nos produce el revolcón que nos dejan, pero a disfrutar de la satisfacción de que aunque temerosos de bordearlas y llenos de miedo hasta en muchos casos sin saber nadar, el ser un surfista, te dejará entender que el momento es precioso cuando llega, que lo disfrutarás consciente o inconscientemente, pero que te quedará claro de una vez y por todas, tu posición ante la vida, a estar en guardia, a no forcejear más con el peor de tus enemigos el señor ego, sino a dejarte llevar por la emoción, aprovechar el tiempo, y a ser un maestro descubriendo los momentos en los cuales esperar atento, pero con mucha fe, esta última para demostrarte a ti mismo que no todos vivimos cerca del mar y no todos tenemos acceso a las mismas olas, pero que si el destino te lleva a estar tan cerca, como te sea posible en el momento en que estas estén en picada y sientes la necesidad de surfearlas, pues, mi querido amigo, debes aprovecharlas al máximo y entender de una vez y por todas que no volverás a ser el mismo jamás.

¿Has escuchado alguna vez hablar de un fanático?

¿Alguna vez has presenciado un partido de tu equipo favorito?, ¿o alguna vez has visto a una persona entusiasmada por una idea?, pues de ellos se aprende muchísimo, sobre todo porque tienen una devoción y una pasión increíble y contagiosa, siempre dándolo todo por sus ideales, se sostienen y se paran sobre su palabra, sobre el deseo que tienen de algo, creen en ello y apuestan el todo por el todo, solo para demostrarse a ellos mismos y porque no, al mundo, que lo que ellos predican para sí mismos es una verdad irrefutable, no se avergüenzan y proclaman a los cuatro vientos: «¡Este es mi credo!», y punto, no se rajan, se automotivan, sugestionan, y coordinan sus acciones para que estas mismas sean audaces, se pasan de necios, pero sobre todo, no tienen pelos en la lengua para gritárselo al mundo ni hacer uso de sus emociones para demostrárselo a nadie, parecen volcanes en erupción, cada vez que se les ve, ¿no es verdad?, pues así debería de ser nuestra manifestación diaria, de lo que representamos, ser proclamadores incansables de lo que consideramos como bandera, vestirnos con la camiseta de un entusiasmado fanático todo el tiempo, con los ojos y oídos cerrados a el qué dirán y que no te importe dejar todo por lograrlo, ya que a la única persona que necesitas demostrarle, con hechos, es a ti mismo y eso simplemente debe de ser específicamente el mejor punto de partida para cualquier entusiasta calificado y sobre todo real: «¡¡Ser el mejor!!».

Ser el mejor en cualquier ramo que quieras especializarte, que el mundo diga: «Ahí va ese entusiasmado, no se le puede negar que nació para eso y que se merece de verdad lo que definitivamente conseguirá porque no se le puede discutir, que no solo ama, sino que también disfruta ese motivo por el cual está apasionado».

Esta debería de ser nuestra consigna diaria:

«ME APASIONA LO QUE HAGO Y ESTOY ENAMORADO DE MI OBJETIVO»

Caminando por siempre firme y con una postura de ganador, no es fácil, y podría aumentar su nivel de dificultad aún más, cuando no se tiene una idea totalmente clara de lo que se quiere, pero pequeñas ideas salen a flote cuando salimos de nuestra zona de confort, y se van localizando justo ahí donde habita la voluntad infinita de tu ser, retorciéndose ansiosa de que le demos forma o al menos de que le pongamos nuestra atención por un momento, para así brotar silenciosa y suavemente como una nueva semilla, así empezaremos a notar como todo cambia, no importa si no es con la rapidez que se supone debería ser, después de que toda la fuerza universal alinee su magia con tus ideas, será solo cuestión de tiempo, así pues podrás seguramente decir estoy seguro para que nací.

Está comprobado que cuando se va en busca de lograr nuestros sueños, en el camino se vive un largo proceso para su consecución, encontrarás obstáculos y motivos por los cuales abandonar, es ahí donde debemos aferrarnos con uñas y dientes, ya que hasta sentirás que toda tu vida se revuelve como un *tsunami,* arrasando con todo lo que has construido, como si de repente la corriente para donde ibas hace un tiempo, ahora se vuelve en tu contra y es más difícil ir en contra de la corriente, ¿te suena familiar?

Como cada ser humano que está evolucionando a su más alto nivel de la conciencia, todos en algún momento tenemos este episodio de confusión, lo sé porque a mí también ya me ha sucedido varias veces, quisieras cerrar tus ojos y que cuando los abrieras de nuevo, todo lo que se dificultaba antes de cerrarlos ya hubiese pasado.

Pero en la vida real, no es así, las caídas y levantadas se vuelven naturales, en la vida de un terco y decidido soñador, aunque algunas veces nos demoremos más para levantarnos que otras, pero, si es tu destino, ese guerrero incansable que vive dentro de ti se abrirá camino desde tu entrañas y te gritara: «¡Basta ya!». Hoy es hoy, no es ayer, no puedes volverte, pero desde ya, puedes empezar a dejar huella en tu nuevo camino, ese que caminarás desde este mismo preciso instante, todavía tienes mucho por recorrer, y no vas solo, te tienes a ti, nunca te has abandonado, no puedes escaparte de

117

ti mismo, entonces es mejor que hagas la paces contigo mismo para que puedas ayudarte a caminar, estás destinado a celebrar tus propios triunfos, y algunas veces a lagrimear ante tus fracasos, y aun así, no debes dudar de ti, no darte la espalda, mejor aún, dedícate un momento para reasegúrarte que no hay nada que temer, que ya no eres esa niña o ese niño indefenso ante las adversidades del pasado, ahora eres un adulto más sabio y estás más alerta de tus alrededores, ese que a pesar del olvido en el que muy a menudo lo tienes, siempre solloza, y te muestra repetidamente que lo mejor apenas comienza, porque sí, sé que obstáculos no faltan ni faltarán nunca, pero, cuando estés fijo en una meta, objetivo, o algo en lo que desenfrenadamente pongas tu intención, cuando estás fijo y entusiasmado utilizando hasta el más mínimo de tus recursos, ya verás que muy a menudo encontrarás, pistas, personas, y te verás envuelto en circunstancias que te darán más energía, más oportunidades de seguir, instrucciones del mismísimo universo que estabas esperando para seguir dando el todo por el todo, así no más, ¡tú eliges!, en resumidas cuentas eres el propio creador de tus propias oportunidades, todo depende de ti.

Contemplarte más a menudo que de vez en cuando, suena e indudablemente se siente mejor, da mejores resultados, no importa si algunas veces que te mires al espejo al levantarte no te veas tan bien, date el *chance* de mirarte con ojos más compasivos, con ojos de amor, y empezarás a verte cada día con más brillo con más importancia, limando las asperezas que hayas traído, lastimándote desde tiempos anteriores, después de todo cuando te ves con otro nivel de conciencia reconoces que hay que empezar a vivir de una manera más sabia, cerrando los ojos para mirar hacia adentro ya que vivimos tanto afuera que perdemos el hilo de nuestras propias conversaciones internas, recordemos que quien mira tanto afuera se distrae, aturde y desenfoca fácilmente y por lo tanto sus ojos tienden a estar empañados por el *espejismo de la realidad,* en cambio todo lo contrario sucede cuando volvemos a nosotros mismos, cuando nos rendimos a ese pequeño llamado que el poderoso centro de nuestro ser nos susurra como un canto materno, para acallar el bullicio de la preocupación, así más y nuevos sentimientos salen a flote como las hojas que brotan de un árbol nuevo y frondoso.

Ese es el mejor momento, para escribir, no solo para el mundo y dejarles saber quién eres, sino para tu mejor musa, tu mejor inspirador y tu más alto bien, tú mismo y decirte algo como gracias por ser y estar el día de hoy, ¡aquí y ahora!

Suena gracioso darnos palabras de aliento a nosotros mismos cuando toda la vida nos preocupamos por hacerle la vida más fácil a los demás, inclusive a veces he notado que hasta nos sentimos culpables por sonreírnos a nosotros mismos y en vez de pensar: «¡Qué bueno que aunque estés solo, decirnos, que bueno que te veo sonreír! ¡O eres precioso, irradias luz e iluminas el mundo cuando sonríes!». Te aseguro que no estás todavía preparado para darte tu lugar, sé que no es fácil, pero este es el momento más verdadero que hayas vivido, es aquí donde estás, este es tu momento de gloria, no te dejes, no te abandones, llegó el momento de ponerte más atención, te quiero regalar este pequeño, pero valioso consejo que recibí desde lo más profundo de mi ser en algún momento donde pasaba por angustias existenciales constantes, una voz más fuerte que yo me susurró y me dijo, para todo lo que estás haciendo en este momento y escríbete.

«ESCRÍBETE HASTA COMPLETAR POR QUÉ TE SIENTES ASÍ»

Qué te molesta de ti, qué te molesta de tu entorno, hazte un cuestionario y deja en él cualquier pregunta que quieras hacerte como si estuvieras en una corte, solo para ti, déjate fluir desde lo más profundo y escribe, escribe sin cesar, no importa si tienes que llorar, hazlo hasta que te sientas listo para soltar, luego pon la lista en tus cosas, un sitio donde puedas mandarle amor y pasado un día o dos sácala y revísala con un corazón más compasivo, como si estuvieras frente a un niño desprotegido que anduvo perdido durante un tiempo y ahora ha sido encontrado, ya no tiene que tener miedo, ya no está más solo, cualquier pregunta que hubiera en esa lista que no hubieras entendido porque surgió, será contestada por tu parte más elevada, por tu versión más elevada, ya verás como llegas a una pronta reconciliación, a un acuerdo mutuo entre tú y tu ego, tu ansiedad, tu desconfianza, y poco a poco irás haciendo las paces con tu *yo interior,* cuando hayas resuelto todas las preguntas que te hiciste, solo bendice esa carta, ese cuestionario, y déjalo fluir en amor, quizás puedes quemarlo o quizás pudieras ponerla en agua para que se deslía, la verdad, cualquier cosa que desees hacer será un consejo divino de ti para ti, te aseguro que después de eso podrás escribirte más de seguido y con más claridad sabiendo que quieres resaltar cuánto te amas y cuánto deseas tener más armonía en tu vida, quédate tranquilo y confía que algo está cambiando, algo se entreteje, invisible y perfectamente para tu mayor beneficio, después de todo eres tu único recurso real, no te atormentes por no poder descifrar todos los acertijos que tienes en tu mente, por lo menos ahora, ya entenderás y aprenderás que toda lección y conocimiento que adquieres, llega a su debido tiempo, y que la lámpara de tu luz interior no se ha apagado nunca, solo que cuando cambias la forma en que miras las cosas, ellas lentamente se transforman, se mimetizan de una manera inesperada adecuándose a cada situación, solo tienes que verlas con ojos de amor y mágicamente te darás cuenta de que ya no eres el mismo, te aseguro de que ya ha pasado la tempestad y, que al final, podrás decirte: «que hermoso momento para encontrarnos, ya estamos listos para regresar, siempre has sido mi misión y te prometo que nunca más me iré».

Años atrás, mientras me adentraba a la aventura interminable de mi crecimiento, y no me refiero a la parte física que es la que nos enseñaron a ver, empecé a sentir la necesidad de buscar un sitio, donde cerrara mis ojos y eso solo fuera lo correcto para acallar el mundo entero, nunca pude lograrlo, la idea era obligarme a hacerlo, presionándome a sentir cosas las cuales no estaba preparada para sentir, estaba utilizando la técnica errónea, cuando te alienas con el universo todo pasa, todo te llega, descubrí que ponerme presión era como manipularme a mí misma y que mi encuentro con mi espíritu en la forma más ascendida, no llegaría si no soltaba el deseo de controlarlo todo y sin el conocimiento correcto, lo único que hacía era confundir mis ruidos internos con los ruidos incesantes de la cotidianidad, una distracción casi constante que lo único que hacía era desesperarme, después de algunos episodios de lágrimas y gritos a mi almohada, logré dominar mis instintos ignorantes a ese nuevo *modus de vida* que mi misma circunstancia me pedía, y fue así que logré empezar a sincronizarme y a conectarme, llenándome de armonía, sé que a veces es algo complicado, ya que el sabotaje y las distracciones, no solo vienen de afuera, sino que gritan más fuerte desde adentro, ahora sé que es imperdonable cuando irrespetamos al sabio interno que desde hace rato se manifiesta diciendo: «¡Ya basta! Para un momento. No estás compitiendo con nadie».

Debería darte vergüenza la forma en que te tratas, tu manera ilógica de irrespetarte, si eso te atreves a hacerlo contigo mismo, ¿qué diremos los derechos que le das a los demás? Y empieza una polémica entre tú y tu ego, a veces insoportable, y lo peor es que cuando llega ese momento nunca se está preparado, es como un rugido ensordecedor que te despierta ese instinto animal que llevas dentro y que más vale que te aferres a algo porque seguro que cuando te pase será definitivo, para que aclares tu mente y si tienes el valor y la prudencia suficiente puedas recoger los pedazos que queden visibles de ti mismo y así puedas decidir qué hacer con ellos, no es fácil porque tendrás que recurrir a tu último recurso, al sabio, y ese, mi querido amigo, siempre será el ganador.

En esta vida, o bueno o quizá en otras tal vez has experimentado episodios que te llegaron, abofetearon y tomaron por sorpresa afectando todo tu entorno, aturdiéndote, poniéndote en situaciones tales que no sabías y aún no sabes ni sales de tu asombro y te preguntas si lo que estás viviendo es un sueño, una pesadilla, o quizá fruto de tu volátil imaginación. ¿Te ha pasado? ¿Has sentido que algo te movió *el piso tanto* como para tambalear perdiendo hasta tu propio equilibrio emocional? Pues no estas solo, aquí está un ser que a pesar de sus sacudidas, caídas y levantadas, y más aún, un sinnúmero de experiencias que han confrontado su vida, sigue a flote, sacándoles el máximo jugo y transformándola en una oportunidad para sanar su vida y convertirse en un elemento de cambio y sanación para los demás, allí donde estés, en cualquier sitio, sin importar la situación, momento o circunstancia que estés atravesando, eres único y vivirás afrontando así mismo situaciones que te harán dudar de quién eres, y cuál es tu valor, pero tu sabio interior, tu propio gurú te devolverá de la mano hasta ese punto de encuentro para salvarte del cataclismo y reprogramarte, utilizando todo ese aprendizaje recibido, como un diccionario, como un mapa por decirlo así, para que las minas que hayas pisado, sean desactivadas por completo de tu vida y las que pudiesen quedar tengas la experticia de moverte libremente a su alrededor, sin temor a que te afecten.

Alguna vez sentí que uno puede esconderse de la lluvia o caminar bajo ella, liberarte y dar gracias, por cada uno de los sentimientos que hasta hoy has llegado a descubrir y por los quizás miles que aún te faltan por vivir.

En esta danza de la vida agitada como el viento sobre las copas de los árboles, vives para vivir, para descubrir, para activar tu mágico mundo, y para dejar de pensar que alguien más te hace esa vida, si no para convencerte de que eres tú quien la crea, tú, tu propio critico, tu propio llanto, tu propia risa, tu amigo, tu aliado, o tu enemigo y adversario más temido.

Hoy te digo: «tu fuerza ya ha sido probada y aún no sabes cuán fuerte y poderoso eres todavía, lo puedo sentir, como puedo sentir también que mientras vivas hay esperanza y si hay esperanza hay amor, hoy te reto a que aprendas y a su vez que vivas de ese aprendizaje, la experiencia más profunda y transformadora que hayas tenido en tu vida, para que aprendas a dominarla y lo repito porque o es lo mismo, aprender que internalizar, poner en práctica y decidir sanar».

Las experiencias diarias nos hacen la vida, todo lo que aprendamos, es ganancia, es parte de nuestra tarea como seres humanos, aprendiendo a descubrir el porqué de cada una y ser libre para liberarte y continuar el camino o repetir esa misma experiencia, si no haces algo para modificarla, así es seguirás cometiendo el mismo error, una y otra y otra vez hasta que descubras la moraleja y puedas erradicarla de tu vida, así es, es cuestión de tiempo y recuerda que el tiempo es espacio y a través de él descubriendo emociones que te hacen madurar, minuto tras minuto.

Hoy quiero compartirte una experiencia muy especial, que me enseñó a dudar sobre el valor que le damos a las cosas, y definitivamente me hizo temblar, me hizo pensar en el propósito de invertir en mí y reinventarme, tu forma de reaccionar e invertir esa experiencia en la escuela de la vida.

Estaba yo deshaciéndome de un montón de cosas viejas, poniendo orden a papeles y otros varios, retirándolas de un sitio que tenía destinado para libros y así dejarlo listo para empezar a organizarlos, había ido de compras el día anterior y decidí reusar todas las bolsas para mover las cosas de un lado a otro, decidí poner todo en el mismo tipo de bolsa, lo que iba a sacar para el reciclaje y lo que iba a poner en mi cuarto para organizar mi espacio privado para escribir, como era tarde en la noche las puse todas en un mismo sitio con algunos libros y decidí que yo misma las bajaría desde nuestro piso, que es el tercero, hasta la parte de atrás del edificio donde están las *canecas* de los desechos, como ya era tarde en la noche del lunes y en la mañana del martes siempre pasa el vehículo de la basura para llevarse todo, pues me levantaría temprano a terminar y además como ya todos estaban dormidos, pues no les haría más ruido con las bolsas, para mi sorpresa yo misma había equivocadamente puesto el borrador de este escrito en una de ellas, sin saber que todas se veían iguales, pues cuál fue mi sorpresa cuando a la mañana siguiente, mi hijo Christian, que salía para su trabajo, equivocadamente tomó todas las bolsas y las llevó a los *containers* sin revisar, arriba en casa quedaron unas cuantas bolsas y como yo continuaba organizando, pues solo acabar de acomodar esas cosas hasta el miércoles, cuando le correspondió el turno a mi cuarto, de repente sentí el impulso de sacar el borrador para ponerlo cerca para seguir escribiendo más tarde y puedo decir que esta ha sido una de las experiencias más desgarradoras y desesperantes de mi vida, ya que no encontré por ninguna parte ninguno de los libros, fotos o cosas nuevas que había comprado para decorar algunos espacios, yo solo pensaba: «¡Mi libro mi bebe!», como yo le llamo, me puse como loca a buscar y lo único que recordé en este momento fue, el vehículo de la basura pasa todos los martes y hoy ya es miércoles: «¡Dios que voy a hacer!», quería que me tragara la tierra, un sentimiento desgarrador me oprimía el pecho, llamé a mi esposo para contarle lo que había pasado y él me dijo, cálmate y busca bien debe estar en otro lado, así que el primer impulso que

128

sentí fue salir corriendo hacia las *canecas* de la basura, me pasaba por la cabeza la cantidad de cosas que siempre he querido contar y compartir contigo, estaban allí en ese borrador, años de ideas, años de historia, ¡no puedo perderlos!, así que no sé ni cómo resulté esculcando dentro de los botes de basura, que son casi tan altos como yo, aunque no soy muy alta, pero sí mido más de 1,52 cm, allí me di cuenta que en un momento de desespero uno puede desarrollar ciertas destrezas, yo salté y busqué entre todos los desechos con esperanza de que ahí estuviera, casi llorando y respirando con desespero, vi algunas cosas que reconocí, algunos libros de maquillaje nuevos, algunas cosas que estaban listas para cambiar de sitio, pero yo solo quería encontrar a mi borrador, de repente, dentro de todo el *reblujo*, porque se notaba que alguien había abierto las bolsas y tirado lo que no encontró interesante, vi mi libro, un poco pisoteado y ajado, pero frente a mí, ese momento no puedo olvidarlo, me volvió el alma al cuerpo, solo pensaba como todo fue organizado, orquestado por la inteligencia infinita, el vehículo de la basura, por algún motivo, no pasó el martes y justo después que recuperé mi libro y algunas cosas que tenía para organizar, cuando eran un poco más tarde de las 9:30 a. m. del miércoles y estando ya en mi apartamento, sentí como llegaba el vehículo de la basura y se llevó todo lo que había en todos los *containers,* solo me quedaba agradecer por ese momento que me enseñó a valorar, a poner más importancia a este escrito, siento que se me fue dada otra oportunidad para que la aprovechara al máximo, y es como si los ojos y los oídos del mundo estuvieran empezando a abrirse para escucharme, ahora tomo mi escrito en mis brazos y puedo sentir su palpitar, como me habla, me dice que es su tiempo de nacer.

Siento que este encuentro ya estaba destinado y programado desde más allá de las estrellas, y mi mayor deseo es compartir contigo donde quiera que estés este deseo de ser feliz sin límites y vivir en agradecimiento, eres tú y contigo ese millar de personas que a pesar de... siguen, se liberan y se reinventan utilizando sus vivencias para sacarles su mejor provecho.

A ti te agradezco una y mil veces porque ese deseo de escribirte me impulsó a pensar, buscar y encontrar el libro y, bueno, el resto es historia; aquí estoy, sé que este escrito llegó a mi vida y a la tuya para transformarla y eso es lo que importa, ¡aquí voy mundo!, ¡aquí estoy!, fuerte como el roble siento que este encuentro me da esperanzas, juntos somos un milagro, si no no existiría este relato y esta nota, pero es y está.

¿Has escuchado alguna vez que después de la tempestad llega la calma?

Bueno, siempre a pesar de todo, sabemos que es así como buenos seres emocionales solo podemos pensar desde la tormenta cuando estamos viendo la lluvia caer, el ruido que produce el agua cuando golpea las ventanas, pero si logramos acariciar el sol con la visión del alma podremos acariciar su imagen hasta que la veamos realmente, hay momentos en que dudamos de la presencia de este hermoso e infalible astro, ¿verdad?, pero sabemos que la tierra, la naturaleza y nosotros mismos nos alimentamos de energía, nada puede existir ni florecer sin energía, sin el calor y la luz del sol, cada ser en este y otros planetas, gira y se alimenta de esta energía, ya que aporta vitalidad y poder. ¿Has visto cómo en algunos lugares se propone obtener la energía solo por este medio? ¿Sabes por qué? Porque es el astro rey, todo gira a su alrededor y cada amanecer nos deslumbra con la grandeza de su resplandor, se abre paso ante las nubes y nada parece escaparse de su luminosidad, solo si buscas sombra y cierras los ojos podrías obviarlo, pero eso no significa que no esté ahí, que las flores y los animales se regocijen en él, quieras o no calienta y está ahí, se abre paso entre todo lo que se le oponga, llanos, montañas y al mediodía, cuando está en su máximo esplendor imponente, rebosa de poder ante este planeta azul que sin dudar no solo gira alrededor de él, si no que se nutre de él fortaleciendo cada célula que nos compone, regenerándonos con su presencia.

Pues esa es la actitud, la magia de aprender a ser como él, como ese sol, que consiste en iluminar, no importa sitio hora o circunstancia o alrededor de quien, simplemente que cuando estés cerca se note que ahí estás, que tu sola presencia inspire benevolencia, alegría, paz, que cada alma y corazón que encuentres a tu paso, sea contagiada, electrizada y mimetizada con tu esencia, así brilla, amigo mío, vivifícate, sumérgete en el fuego de tu propio espíritu, para encenderte, para ser caldero mágico para otros, ¿cuánta vida te queda y cuántas almas rescatarás de la soledad?

¿Cuántas de la oscuridad que los está distrayendo de aparente alegría y su conformismo que no es más que un bufón que se ríe de ellos?

Sé tú ese sol que transmite seguridad, tranquilidad, solo es cuestión de conquistarte a ti mismo para descubrir y conectarte con tu verdadera intención, traspasar todas las capas que sean necesarias para llegar hasta el fondo de ti y salir a alumbrar el mundo.

Deja que tu sol interior brille infaliblemente, ese astro interno, tu fuente de abastecimiento celestial sea tu escudo, ya que esa misma energía que ebulle ahí dentro, es la misma fuerza que te hizo posible, creyó en ti como un milagro y te hizo acreedor a vivir en sabiduría y dotado, no solo de cosas visibles y materiales, sino también de abundancia y prosperidad, dones y talentos y las de todos aquellos que tengan la dicha de entrar en tu vida y ser iluminados por tus destellos y caminar contigo tu camino.

Hoy te invito a salir a un mágico encuentro, a sentir la divina presencia, como se siente la suave brisa sobre la cara, podemos conservar ese sentimiento vivo para que conectemos y contemos nuestras historias, te confieso que ha habido momentos que estoy cansada y nada me fluye, como si no tuviera nada que escribir, pero como una chispita llega mi deseo, mi impulso de conocerte y llega de nuevo la inspiración diciéndome: «¡¡¡Es el mejor día para escribir, hoy, hoy!!!».

Así como si muere el poeta, muere la poesía, muere el deseo y muere la esencia cuando perdemos nuestro camino, no quiero perderte, ahora que te encontré quiero vivir contigo por siempre. Jamás deseo separarme de ti, pues se secaría la fuente de mi inspiración, ya que eres mi norte y allí donde te encuentres yo te encontraré, seré persistente como el sol, atravesando los valles y las montañas de la duda para llegar hasta ti.

Gracias de nuevo por existir.

Mmm, el mar... ¿sabes? Toda la vida le he tenido respeto al mar, inclusive observándolo no más a través de la pantalla del televisor o en una película, siento su poder tan amplio, tan extenso, tan profundo y a su vez formado por uno de los elementos más eternos, versátiles y puros que existen, miles de millones de litros de tan preciado elemento, materia orgánica poderosa, tan suave como densa, tan apacible como indomable, ¿has notado como un barco por pesado que parezca navega y se transporta de un lado a otro solo si se posiciona sobre el agua en la forma correcta? Siempre me causó curiosidad como los cuerpos parecen perder peso dentro del mar, siempre me pregunté: «¿Qué clase de magia hay en el agua?», hasta el día de hoy, sentada frente a la orilla del mar siento que más de la mitad de nuestra vida gira alrededor de él, más de la mitad de las especies que habitan en este planeta azul, viven allí en la profundidad y aunque lo hemos visto algunas veces desbordado y rugiente ante las tempestades, los delfines y las ballenas todavía juegan en el bordear de sus corrientes, en otros lados hemos visto como con su ira destruye todo lo que arrasa, en medio de un tsunami o una tormenta. ¿No es esto curioso?, cuando te invito a que seas como el mar, quiero decir, utiliza tu poder interior, tan puro, pero tan poderoso a la vez para transformar por completo, que seas fuerte, osado, pero a la vez también fuente de vida, hay algo inexplicable que sucede

135

con los seres humanos, somos seres vivientes, dotados de algo que se llama libre albedrío, aquel que nos permite tener potestad sobre cualquiera de nuestras manifestaciones, bien sean emocionales o de cualquier otro tipo, el mar no tiene control, no razona, tú por el contrario, puedes decidir, cuántas veces tenemos la posibilidad de tomar decisiones, hacer o no hacer algo para no serle infiel a nuestros principios, ponernos metas, tener una familia, aspirar para ella, así mismo sabotearnos la vida, dejando de lado la razón y seguir instintivamente el principio universal de causa y efecto.

Somos constructores y destructores de nuestras propias vivencias y no nos paramos ni por un minuto a pensar en el prójimo como tal, sea cual sea nuestro vínculo con él ni siquiera hasta qué punto pudiese afectar mi existencia su curso de vida.

Como el agua de toda la tierra en sus viajes viniste a viajar por este plano transportando emociones y a somatizarlas para que otros naveguen en ti, tienes el poder absoluto de decidir, de ayudar, de soñar solo o acompañado, de encontrarte un puerto seguro, atreverte a navegar juntos un tiempo y en ese trayecto verás como se hunden, se naufragan ilusiones o llegan a puerto seguro.

Muchas de tus emociones evolucionarán, lo importante es que te mantengas fuerte ante las inclemencias del tiempo y que al final no seas, en vez de ese mar, un pequeño velero, roto y destruido por las prisas y las inclemencias de la tormenta de tu propia vida.

Solo por hoy, en este preciso momento, en este ahora que tienes en tus manos, cierra tus ojos allí donde estás, contémplate desde los pies y cuando puedas llegar a tus manos, hazlo suave y detenidamente, pregúntate: «¿cuánto has hecho con ellas?», de lo que has sido capaz de transformar, ese será solo el principio.

Si hoy no te detienes a prepararte para salir de esa tormenta lamento decirte que tardarás en llegar a tu destino o quizá no llegues si no tienes claro dónde anclarás, el destino te llevará a divagar en el mar sin dirección, bien dicen que perecemos por falta de conocimiento, no solo de nuestro entorno o de cualquier cosa o elemento que considere una amenaza para el cumplimiento de nuestros objetivos, sino porque nunca somos capaz de reconocernos y no alcanzamos a descubrir que somos verdaderas máquinas pensantes, fabricadoras y hacedoras de sueños, sueños que se convierten en cosas, buenas o malas, pero fruto de nuestras propias decisiones.

Estás a tiempo, mi amigo, mi amiga, de cambiar el mundo, de reconocerte, empieza por el tuyo, por ese pedazo de vida que te fue concedido, estás muy a tiempo de ayudar a construir, siempre hay cabida para algo mejor, más grande más positivo, atrévete a ser parte de ese selecto grupo de personas que dejan hermosas huellas antes de irse y olvídate de quienes en vez de eso dejaron heridas, porque hoy es un nuevo día para sanar.

¿Alguna vez te has preguntado para qué les sirve la cola a los cometas?, tener una mente tan volátil y un deseo inmenso de saber más y más sobre la vida me hizo buscar e interesarme, durante mis primeros años de estudio, esta fue una de las preguntas que constantemente me surgió puesto que esa imagen iba y venía dando vueltas en mi cabeza y como si fuera poco la veía en muchos de los libros que pasaron por mis manos en la biblioteca del colegio y de mi casa; así que imaginé que me estaba queriendo decir algo, un mensaje cósmico y yo quería descubrirlo, cuando logré llegar a desvelar ese mensaje, porque fue así que lo recibí, como algo muy personal, todo tuvo sentido, así que si el contenido de esta respuesta que llegó a mí en ese momento toca alguna de tus fibras, pues me alegro, primero me daba susto pensar que fuera algo malo ya que cuando se habla de la cola de algo, suena como el último, la última parte, como sin importancia, ¿verdad? Pero después de que sepas lo que descubrí, creo que te va a gustar, leyendo sobre la historia y la vida de los cometas descubrí que es tan importante la cola como el mismo cuerpo, me quedé maravillada, me encantó saber que gracias a ella se puede medir su trayectoria, porque esta aparentemente pequeña parte representa la huella luminosa del tal majestuoso cuerpo celeste, es más tiene dos y generalmente van marcando el camino recorrido de tal manera, que si se pudiera ver de cerca seriamos deslumbrados por tantos destellos, un resplandor luminoso casi que cristalino y a su vez, con partículas de diamantes de todos los tamaños, gases y polvo que van quedando como la marca que este dejó a su paso, como una prueba, de allí que se hayan inventado las famosas cometas de papel y que la cola sea la que da estabilidad y dependiendo de su tamaño y longitud proporciona altura y dirección, ¿no es eso emocionante?

Fue allí donde descubrí como a veces las pequeñas y aparentemente insignificantes cosas de la vida, llegan a tener un significado profundo, auténtico e irremplazable, no sé cómo fueron tus años de infancia ni me imagino cual sea tu edad cronológica al encontrarte con este manuscrito, pero para mí, que muchos años me sentí sola, vacía, sin darle mucho o poco significado a mi existencia, ya que era la última de cinco hermanos, la más pequeña, aquella que era la responsabilidad de todos y de nadie a la vez, ya que todos teníamos que lidiar con nuestros propios dolores y frustraciones, esa pequeña se empezó a levantar, a buscar un sentido a todos sus porqués y los que a medida que fue creciendo le fueron impuestos, así que si tú eres el último aparentemente, bien podrías ser el primero y lo digo con respeto por mis hermanos a quienes amo con todo mi ser, quienes me enseñaron con lo que sabían a ser mejor porque esa idea que tenía de mí fue cambiando con el tiempo y ya no me consideraba la última de la fila, sino más bien quien causaría una diferencia en nuestras vidas, alguien que era diferente, aceptando que cada uno vino dotado de dones y talentos para cultivar, empecé a volverme más consciente de mis acciones y me prometí que de ahí en adelante creería más en ellas por pequeñas que pudieran parecer, ante mis ojos terrenales, pero tan grandes e importantes ante los ojos de nuestro creador, así que la próxima vez que sientas y pienses, voy de último, mi aporte es falto de importancia, no soy demasiado esto o aquello, el mundo sin mi seria igual, etc., para y piensa: «Si puedo hacer algo diferente, si puedo marcar un antes y un después, puedo ser un elemento de cambio, un catalizador en mi vida, en mi familia que es mi pequeña sociedad, para de allí ocasionar un movimiento más exponencial y no me refiero a la parte material, sino algo más lleno de contenido».

Tú también desde el punto donde estés, ese punto donde te haya plantado la vida, definitivamente puedes cambiar la dirección, el rumbo de tu historia.

«PIENSA QUE TODAS TUS ACCIONES LLEVAN UNA ENERGÍA, PROCURA QUE ESTÉN MENOS SATURADAS DE EGO Y MÁS CARGADAS DE COMPASIÓN»

Por eso que todas tus acciones de hoy en adelante estén alineadas con los latidos de tu corazón, con esos impulsos energéticos, que recorren cada parte de tu cuerpo, procura que así como la cola estelar de un cometa bordea los espacios de por donde se mueve, tu presencia o más bien tu huella sea mágica y luminosa, llena de bondad, no importa que no sea lógica, pisa fuerte, sin miedo, sin dudas lleno de amor, de alegría y respeto por la vida, así hayas nacido de último, recuerda que eres el primero de muchas generaciones, así seas la cola de una generación, siempre serás el principio de una mejor, de algo mejor, un ciclo nuevo, solo tienes que tener claro que llegarás. Cualquiera que sea tu lugar en este mundo, mientras sepas cuál es tu punto de equilibrio, tu intención y tu verdad.

¡¡Así que puedes decirte ahora: «qué divertido es ser la cola»!!

Teniendo en cuenta que en este hermoso planeta azul habitamos más de siete billones de seres, cada uno con sus propios pensamientos y sentimientos, cada uno con la capacidad de generar más de sesenta mil pensamientos al día, multiplicado por esos siete billones colectivamente, nos da un número increíble e infinito creando a su vez una base de datos universal.

Todos los días me maravillo y me asombro de que individualmente seamos pequeños mundos, mundos minuciosamente diseñados para ser únicos dentro de este mega universo y a su vez seamos capaces de unirnos para *cohocrear* en perfecta sintonía, ¿qué bello milagro, verdad?, qué bello mensaje se encierra detrás de esta magna creación, cada uno aportando a la existencia, así como el granjero ara y cuida la tierra para después sembrar en ella depositando toda su confianza, su fe, su tiempo en esa semilla que sabe que traerá ese tan deseado fruto amarillo, jugoso y sobre todo en abundancia porque ya lo vio, ya lo saboreó, así mismo quien está encargado de transportarlo visualiza su carga llegando a puerto seguro y así sucesivamente uno tras otro hasta así llegar a convertirlo en material de consumo para el sustento de miles de millones de familias, esa es la extensión de ese milagro, el verdadero significado del mismo se encierra en esa pequeña, pero importante pieza clave, en la fuerza transformadora de la colectividad, es así como la materia prima creativa se proporciona para ser usada, para ser manipulada, ensanchándose y manifestándose a través de todas las posibilidades para suplirnos y así lograr el resultado final.

Simplemente me quedo sin palabras cuando me siento parte de este regalo, aún así cada uno tenga la posibilidad de comunicar, expresar y liberar cada aspecto, inclusive el más íntimo de nuestra personalidad, somos únicos y diferentes, algo así como fuera de serie o como para hacerlo más interesante, fuera de lo normal.

Pero ¿qué es ser normal? ¿Ser normal es regirse a cualquier línea recta o espacio cuadriculado, falto de color, de expresión?

A mí personalmente me aterra la uniformidad, todo lo que sea símbolo de simplicidad, los espacios vastos y vacíos, las lecturas faltas de poesía y los cafés fríos sin aroma, me sacan de casillas las estructuras sin identidad, los espacios oscuros, no sé si tú te identificas con esto y te gusta llegar a poner color y sabor a un lienzo vacío, pero si ese eres tú, un fenómeno único, hablando en el buen sentido de la palabra claro está, un fenómeno natural, te invito a actuar y a crear tu propio *accionómetro*, convirtiéndote en un ser de esos «fuera de lo normal», fuera de lo uniforme, pero con más amor, menos miedo y sobre todo un abastecimiento infinito de pasión y respeto por la vida, ahora es cuando dentro de tu individualidad de ese recinto sagrado de tu «yo», puedes crear el momento perfecto, el escenario perfecto, solo tomando acción, ¡aquí y ahora!

Busca la vitalidad en el descanso que sientes en cada despertar, en esa oportunidad que viene después de recuperar fuerzas, durante ese sueño reparador de la noche, en ese abrir de tus ojos, en cada nota que te proporcione el universo, quédate atento, en silencio contigo mismo, desde adentro fluirán las respuestas, los ingredientes para la receta perfecta, la receta mágica para la felicidad.

A eso le llamo evolución, así que toma nota, asegúrate de sentir cada ingrediente, cada condimento, cada movimiento que ejecutes será de mucha relevancia, te aseguro que nada más allá de esta receta mágica podrá impresionarte, pues ya te acabas de sorprender a ti mismo, todo se revela para ti, no hay nada más oculto, eres la chispa que faltaba para producir esa explosión en el universo, ese *big bang* que dará paso a la creación de un mundo mejor, uno con más sentido, donde se manifiesten y se revelen todos los motivos que te trajeron hasta aquí, a este tú *ahora,* a tu pronto encuentro a ese *viaje al centro de ti mismo,* ahora no eres más una víctima, ni un damnificado de los movimientos telúricos de la vida, eres solo tú, un elemento de cambio, catalizador de las rígidas tablas de la sociedad.

¿Sabes? Estoy tan orgullosa de ti, de que hayas podido llegar a este momento, de tu valentía y de que a pesar de que fuiste el primero que se juzgó en las tantas caídas que te hicieron perder el equilibrio, te levantaste, limpiaste tus ojos, continuando lleno de entusiasmo y sed por lo que había allí oculto.

Hoy decodificaste el acertijo, ya no es un secreto para ti mismo de los superpoderes que posees, se te reveló el secreto y ahora te dispones a ser parte activa de ese volcán de la vida, de ese volcán de la vida en erupción.

Dejas la huella de ese poder en todos tus actos y que bien lo haces ahora que lo sabes, ahora que valoras con inteligencia tu propia existencia, despertador de titanes, así como tú se han despertado muchos, los has inspirado con tu confidencia, solo porque ahora sabes que sin ti nada sería igual.

Amigo mío:

¿Cuántas cosas has descubierto hasta este día? Cuantos pasos agigantados en el transcurso de este salto cuántico has dado hasta aquí?

Pensar que si no se cierran los ojos terrenales no se abren los ojos del alma y si no morimos al cuerpo no hayamos la divinidad de nuestro espíritu, que increíble es esto de descubrirnos, ¿verdad?

Es toda una aventura, ya que al hacerlo nos hacemos responsables de tantas cosas hasta de *a qué punto podemos contemplar nuestra divinidad*, del regalo de poder dominar nuestra voluntad, ¿no es hermoso esto?

Si no se silencia el ruido externo, nos corroe el interno, nos traiciona y nos devora como un lobo hambriento, solo cuando somos conscientes de nuestra propia guerra interna, esa jauría de lobos en lucha dentro nuestro, somos capaces de librar una a una las pequeñas batallas que nos acercan cada vez más y con más rapidez a la cúspide de nuestra propia inmortalidad.

Esto está sucediendo aquí y ahora, y también les sucedió en su momento a nuestros antepasados quienes llevaron a cuestas dolores y tragedias de otros tiempos, los cuales les dejaron miedos y mochilas llenas de historias y excusas que indudablemente heredarán hasta el confín de los tiempos aquellos que no estén dispuestos a sanar y descubrir su propia verdad, así que hoy te digo: «En este ahora que es lo que tenemos en común, nadie te cierra los ojos cuando vas a dormir, y sin duda alguna nadie te los abre, son acciones muy propias y personales, al igual que un sueño, nadie sueña tu sueño, ni nadie experimenta la calidez de los rayos de sol sobre tu propia piel, no podrías preguntarle a alguien cuánto sufre si en tu propio ser no has experimentado el dolor, de una pérdida, de una traición, de ese sinsabor del desconcierto, nunca sabrás si alguien te ama si muy en el fondo has sentido el valor absoluto del amor, inclusive de ese amor a ti mismo, nadie sabrá que existes y *para qué,* si tú mismo a veces insistes en negar el valor de tu propia existencia».

«MIRAR HACIA ADENTRO NOS PROPORCIONA CONFIANZA, SABIDURÍA Y UN SINNÚMERO DE VENTAJAS».

Emociones nuevas, ventanas que se abren a un mundo sin fin, mostrándote horizontes nuevos de tu propio mundo, posibilidades de saborear tu propia energía que aflora y se conecta a la par con ese ritmo y palpitar de la creación.

No te ignores, no hay límites cuando se trata de conquistarte a ti, ya que ese será por siempre tu mejor encuentro, tu mejor romance, todo comienza aquí, en este ahora que es tu más efectivo y verdadero momento, es una ley que quien mira hacia adentro se inmortaliza, pues convierte sus más feroces y voraces miedos en mansos rebaños de paz, no hay más abismos, más deslices, no más arenas movedizas, solo pasos firmes hacia la tierra prometida de la libertad, espero desde el fondo mismo de mi ser que te esperes en cada amanecer lleno de oportunidades y así mismo te acompañes en cada puesta de sol, verás que será hermoso...

¡Gracias por ser y estar, aquí, ahora!

¿Sabes? No siempre se tiene la suficiente motivación, en el mundo en que vivimos donde son tantas las cosas que nos distraen, la cantidad de ruidos y situaciones adversas que nos desvían en nuestra cotidianidad, nos aturden y nos bloquean la imaginación, no sé si a ti te suceda lo mismo, pero es gracioso, siempre que me digo que voy a escribir, resultan miles de cosas para hacer, cosas que podrían parecer excusas, ¿no es así? Todos tenemos una excusa, no siempre será la correcta, pero ahí está y como buenos seres humanos tenemos la bendita manía de posponer y así es como se le va el aire a la inspiración.

Hoy me desperté sintiendo un peso en mi corazón y sé que el motivo es solo ese, tener la conciencia de saber que esa costumbre nos atrasa en nuestros objetivos y aun así le permitimos hacer lo que le da la gana con nosotros, ¿verdad? Es así como se va yendo la inspiración, el posponer es como un miedo a ver el resultado final de algo, en mi caso quizá era un miedo a ser reconocida a ser vista por otros y con otros ojos, porque estoy segura que este manuscrito ya ha logrado lo más importante, despertarme, retarme, transformarme, este mi *bestseller*, mi motivo, de buscarte, a ti que eres mi musa, ya es un éxito total, ¿y sabes por qué? Porque ya lo tienes en tus manos, porque así como yo, tú ya no estarás más solo, aquí tienes y tendrás por siempre, un compañero que solo busca conquistar tu corazón, hoy más que nunca me

151

siento bendecida de volver a empezar, de resurgir, de aunque allá afuera existan mil motivos para dejar de hacerlo, tú me haces volver, me inspiras y me susurras al oído lenta, dulce y suavemente, estoy aquí, no me abandones, recuerda que lo que juntos comenzamos, juntos lo hemos de terminar con muchos triunfos, apenas empezamos a ver en el panorama la cima de la montaña. Entonces es ahí, en ese momento, donde agradezco a la inteligencia infinita tu existencia, porque tú siempre me das motivos más y más grandes para volver y aunque a veces ni tú ni yo creamos en la realidad de nuestros propósitos, llega algo o alguien y de la nada te convierte en protagonista de todo. Y esa confianza en ti es tu recarga, tu fuente de inspiración inyectándote día a día más y más amor por ti y por todo lo que te rodea, bien dicen que somos luz para encender la oscuridad de quienes se acerquen a ella, a ti que estás allí en ese espacio sagrado, te agradezco por creer en mis dones, que es lo mismo que creer en ti ya que somos uno en otro cuerpo y estamos en este camino juntos para crecer, nada volverá a ser lo mismo te lo aseguro.

Distraídos la mayoría de veces por el ruido aturdidor y el espejismo de la realidad, olvidamos ir al silencio, a ese espacio que es nuestro, solo nuestro, donde no existe más que el ruido de nuestro corazón y pensamientos, perdiendo nuestros valores y nuestra propia naturaleza ya que nos convertimos en entes, títeres manejados por la rudeza y frialdad de la sociedad, nos da miedo ser criticados, ser identificados hasta a veces notados, caminamos con la frente baja y si lo hacemos raramente hacia el frente la mayoría de veces no es queriendo mirar hacia a dónde vamos, sino más bien siguiendo a quienes ya pasaron por este camino, automáticamente como si tuviésemos que seguir una cierta directriz.

Comprendiendo que no es fácil salirse del común denominador y determinar hacia a dónde queremos realmente avanzar y llegar, debemos utilizar siempre la lógica del progreso y los pasos de nuestros ancestros que gracias a su tenacidad trascendieron haciendo parte del proceso evolutivo de esta sociedad trayéndonos hasta esta nueva civilización.

Así como el tiempo en el mismo reloj se mueve y camina suavemente siempre hacia adelante, debemos respetar el sentido de nuestros pies, ellos apuntan siempre hacia el frente, así fueron creados, hacia donde los ojos proyecten se dirigirá el resto del cuerpo, así mismo fuimos inteligentemente creados para construir y seguir cimentando la modernización, la metamorfosis del cambio, así como un día fuimos bebés ignorantes de dirección, sin tener ni la más remota idea de dónde ir como si se hubiera apagado nuestra brújula interior, como si de repente hubiese dejado de funcionar, suena lógico, ¿verdad?

La *maestra vida* a propósito nos apunta, nos recuerda, que hemos perdido tiempo valioso, que nos ignoramos tan constante a nosotros mismos y lo peor que nos hemos perdido, la confianza, porque no sabemos quiénes somos y raramente nos dirigimos la palabra con respeto, con educación, siempre teniendo las expectativas a tope sobre los demás, pero ¿qué hay de nosotros mismos? ¿Hasta dónde más tendremos que aguantar nuestro propio irrespeto?

Le crees a alguien que de repente te critica, pero ni siquiera te das el *chance* de escucharte tus propios elogios, ¿qué cobardes somos, verdad?

Nos falta el valor para defendernos hasta de nosotros mismos y si supiéramos cuánto valemos la pena.

Proyectarnos hacia el deseo de encajar y ser valorados por los demás no traerá nada bueno, quizá pueda demorar más nuestro proceso y hacer más lento y agonizante nuestro recorrido, pero si por el contrario ponemos los ojos en el punto correcto de lo que queremos que sea manifestado, nuestra existencia empezará a tener otra perspectiva, otro propósito de vida creado y diseñado por nosotros mismos, nos mostrará como se caen los muros, como se desaparecen lentamente los obstáculos y telones del miedo y así, solo así, será limpia y clara nuestra visión.

Cada minuto, cada segundo que pasa, es historia, cada parpadeo, cada respiro, cada palpitar de tu corazón ya quedó en la memoria de la mente universal, así como algunas cosas pasan aparentemente desapercibidas por tus ojos, el subconsciente que nunca duerme, se alimenta de esa información, que aparentemente desechas, la guarda despreocupadamente en tus archivos más remotos, es así mismo, amigo mío, que estas aquí, aunque no lo creas has sido notado por esa fuente divina desde que te dio el primer impulso, la primera chispa al palpitar de tu corazón haciéndote parte única e importante de la creación, activando tu divinidad, recordándote a que viniste, activando tu divinidad y óyelo bien: «¡Nada, nada pasa desapercibido!». Todo lo que existe, consciente o inconscientemente, tiene una energía para ser adherida al engranaje universal, fuiste elegido para propósitos elevados, todo cuanto lleves a cuestas en tu equipaje divino, vino listo para realizar una tarea, ese es tu llamado y está solo apunto de comenzar y día tras día «la realidad» te muestra las pautas, la dirección hacia donde debes seguir, así aparentemente no lo veas o más bien no les prestes atención, señales encontrarás por montones y en los sitios más inesperados, para que algún día de golpe entiendas de una vez por todas cuál es tu papel en esta obra de la vida, solo ten siempre esto presente:

De lo que eres, de tu tarea, de tu misión es imposible huir, no hay donde esconderse, no hay como aplazar ese propósito, viniste impreso con tu manual de instrucciones universales, solo que te has negado a ello, no ha sido fácil aceptarlo, pero recuerda siempre escuchar tu voz interna, ella no te engaña, es más siempre está llamándote, susurrándote para ganarse tu atención, no se acallará hasta que la escuches, a veces te sentirás un poco descabellado, pero es natural, ya te acostumbrarás cuando esos mensajes internos se vuelvan cada vez más constantes y agudos y te garantizo que cuando lo aceptas y lo dejas fluir obviando la razón, llegarás a encontrar esa conexión infinita, profunda, verás que tu labor es única, irrepetible e irremplazable, a través de ti todavía hay miles de milagros por hacerse una realidad y eso será un hecho cuando aprendas a aceptar solo tu propia y única realidad.

¡Vamos, es hora de empezar tu tarea!

Como luces intermitentes viajamos incansablemente por el universo, encendiéndonos y apagándonos de tiempo en tiempo, buscando nuestro sitio, deambulamos como eternas llamas desde tiempos muy remotos y somos como chispas las cuales debido a nuestras acciones logramos apagar o encender otras a nuestro paso, llevamos dentro un fuego que inevitablemente se encenderá cuando nos alineemos con nuestras ideas, nuestra esencia y nos balanceemos en la matriz de la sociedad, brillamos o nos apagamos al momento que dejamos que fuerzas externas nos corten la velocidad y el impulso, estamos tan acostumbrados al control, que automáticamente nos levantamos al sonido de la alarma despertadora, automáticamente nos levantamos a hacer cada una de las actividades que se nos han enseñado, quizás tomar un baño, un café o algo más como un desayuno, muchas veces sin tener hambre, esa costumbre de la primera comida, el tener que desplazarse a un sitio de trabajo, algo que en vez de darnos luz, nos apaga, nos drena, nos deja sin fuerza porque no sabemos ni porqué lo hacemos, esperando instrucciones de alguien más para invertir nuestro más valioso tesoro, nuestro tiempo, malgastando nuestros conocimientos, dejando ir nuestra creatividad mientras nos apagamos lenta y dolorosamente.

Así transcurren la mayoría de horas de nuestros días, horas perdidas y cuando decidimos volver a casa no solo con

159

hambre física, sino más bien con la sed de llenar el espíritu, de despertarse de esa realidad que te fue impuesta, de romper con todo y hacer valer tu verdad, de que por más que hayan gritos allá afuera nunca podrán arrancarte tu paz, siempre habrá alguien o algo que quiera robarte tu chispa o más bien apagarla, ¿no es así?, hoy llegó la hora de salir de ese molde absurdo, de defenderse ante los dragones de la sociedad, de hacer lo que te gusta y sobre todo ser feliz, en vez de perder el tiempo sentirás como puedes agregar más horas de luz a tu día y más horas de energía, todos los días de ahora en adelante serán rebosantes de ideas, de plenitud, más satisfactorios, disfrutarás más de tu propia presencia, como la de todos los que quieren verte recoger los frutos de tu sembradío, esos que te incentivan a brillar, tus cómplices, además encontrarás el equilibrio perfecto, a veces no es fácil por las distracciones, pero pedir intervención divina desbloqueará cualquier obstáculo dentro y fuera de nuestra conciencia.

También examina la salud de tus relaciones (entorno, amigos, familia, etc.) no sabes quién, inclusive dentro de estos círculos donde te mueves, está soplando lentamente esa llama que tú estás tratando de mantener viva para que no salgas de la inopia y también encontrarás quien te ayude a cuidarla de los soplidos malintencionados, en uno de los dos casos podrías ser tú mismo, sé que suena ilógico, pero te hablo desde mi propia experiencia ya que por mucho tiempo me saboteé yo misma, triste y sorprendentemente, pero gracias a Dios lo descubrí a tiempo para corregirme con amor, todo eso lo he aprendido en este viaje, amigo mío, en este viaje de la vida te quedarás sorprendido de todo lo que hallarás en el camino.

Cada minuto, cada segundo que pasa, en el sitio o ambiente donde te encuentres, si estás atento lo suficiente, lograrás escuchar la voz de tu mago, tu aliado, tu colega creativo, aquel que, de uno u otro modo, te pone ideas en la mente y si estas, por más descabelladas que parezcan, son de tu agrado las enviará como señales puras a tu corazón quién te aclarara si tendrás buenos resultados o no.

A veces estamos tan aturdidos por el ruido, afuera y adentro, que curiosamente nos negamos e ignoramos el hecho de que somos infinitamente maravillosos, dejamos que los ruidos de afuera nos confundan y como si fuera poco acabamos de llenarnos nosotros mismos con más y más regaños, nada que nos adhiera calidad, tapándole la boca a nuestro guía infinito, sin notar que repetidamente nos manda señales para que apelemos a la grandeza de nuestra imaginación, si es verdad que como algunos dicen: cuida tu cabeza y *aliena* tus demonios desatados en ella, ya que los ángeles te cuidan y te *alinean,* pero el demonio de tu ego grita tan fuerte que corre el peligro de acallarlos y distraerte de tal manera que no encuentres la salida, quedando indefenso ante los accidentes de la vida que suceden y sucederán inevitablemente, mantener tu mente abierta en paz y un corazón saludable te mantendrá firme, como si te crearas una muralla protectora, porque recuerda que siempre por más preparado o bien parado que estés la vida tiene esa capacidad de sorprenderte, con episodios que no esperabas, para los cuales no estabas preparado, a veces te sorprenderá tratando de respirar y te cortará deliberadamente el aire, hasta que aprendas de nuevo a respirar, haciéndote creer que has tocado el límite, que hasta ahí llegaste, momentos donde no puedes ver nada y ni siquiera reventar en llanto cambiará el hecho, pero eso también pasará, tus colores empezarán a brillar de nuevo y como de la nada seguramente sale un todo.

«ALLÍ DONDE SOLO HABÍA DESESPERACIÓN, BROTARÁ LA ESPERANZA, RESURGIRÁ EL DESEO DE RENACER, DE CATAPULTARSE HACIA OTROS NIVELES, REPROGRAMANDO TUS CREENCIAS.

Es así como, cuando te revelas ante tu propio ego, más y más se reconforta y se fortalece tu espíritu, por ende tu gurú interior, así que si piensas que estás pasando por un mal momento, más bien olvídalo y utiliza tu *actitudinómetro*, y siente que estás listo para resonar en positivo en vez de tristeza, así encontrarás la felicidad en cada lágrima, la verdad en cada duda y una nueva y pura filosofía para instarte a ella.

A paso firme y, no importa si es lento, recuerda que *no por mucho madrugar amanece más temprano,* el orden divino y superior de la creación te dice que: «No importa cuán lento vayas, si te aseguras de afirmarte en tus convicciones, la victoria sin duda será más que tuya a medida que das cada uno de tus pasos».

¡Ah! Y eso sí, se paciente, serlo significa sentir la paz, respirar lenta y pausadamente, recordándote a ti mismo el derecho a que las cosas que deseas se realicen en determinado momento, en el tiempo perfecto, a que seas totalmente consciente de que el porcentaje de oxígeno que ha sido determinado para ti, fluya libre y circunde tu vida, sin temor a que desaparezca.

Aquiétate, cierra los ojos y respira una y otra vez sumergiéndote en el manantial de la vida, recuerda que ya te ha sido concedido, este episodio te pertenece, no te asustes, estás muy vivo.

No sé si alguna vez has pasado por la experiencia de sentirte perdido, despojado de todo como si estuvieras deambulando y sin destino, ¿cómo si estuvieras en tu peor momento?, ¿cómo en las películas?, ¿cómo en las historias?

Recuerdo cuando observaba la vida pasar en los días de mi infancia, las películas de bravos y audaces guerreros, con lanzas y escudos, revestidos de coraje, apasionados por su causa y me vuelvo a la emoción que sentí en aquellos días, como si ese sentimiento volviera a mí, vívido, todavía palpable, como si me dijera que algo tiene que manifestarse en mi vida, en este ahora.

No necesariamente debemos tener armas físicas ni espadas con filos cortantes para defendernos, no existe guerrero sin guerra, no existe triunfo si antes no se conoce el sentimiento de la derrota, no hay oponentes sino reconocemos que el espejismo de un supuesto enemigo es solo eso, una más de nuestras ilusiones, recuerda que todavía te queda tu honor intacto, tu perseverancia y valentía son tus mejores armas ante el monstruo gigante, malencarado, silencioso e imaginario que creaste tú mismo, así que son y serán por siempre, el amor y el perdón las herramientas divinas que neutralizarán para siempre esa energía encontrada.

Dedícate a canalizar tus fortalezas a reconocer y acallar ese fantasma de tu ira, ya verás que cuando sueltas y confías, grandes cosas empiezan a pasar en tu vida y lo mejor es que se sucederán una y otra y otra vez, quizás aparentemente pequeñas, pero que juntas lograrán causar una gran diferencia en tu vida, así que, mi guerrero de paz, tu único enemigo, el más fuerte, vive dentro de ti, y se escribe con tres letras, *EGO,* así que para que puedas lograr eso que deseas y esa paz interior, ya sabes que hacer, suelta, pero no olvides confiar.

Quiero contarte que en mi infancia hubieron muchos momentos de confusión, momentos donde hasta llegué a creer que estaba en el lugar equivocado, en un sitio desconocido, con vivencias que me parecían poco lógicas, momentos donde solo quería abrazar el silencio y acallar mi propia voz, solo deseaba tener una varita mágica para crear dentro del espacio de todos un pequeño y secreto rincón para mí, donde pudiera escapar a mis adentros y olvidarme de todo aquello que me oprimía y fue así que me llegó una idea, buscaba debajo de las sábanas o debajo de la mesa o inclusive de la cama, un poco de calma, para escapar, un sitio que fuera tan mío y tan secreto que solo yo pudiera entrar y salir cuando quisiera, así que empecé a recordar cuando jugaba con las pompas de jabón como cuando algunas volaban llenas de oxígeno, como si reclamaran su propio espacio, cada una con su diferente trayectoria iban y venían hasta encontrar un sitio donde posarse por un rato o volar y revolotear hasta estallar, eran momentos únicos de hermosas fantasías, después de todo ante la escasez del momento que atravesábamos, lo más valioso que tenía era mi imaginación, esa que no dejaba de hablarme al oído y repetirme: «Vamos, tu aventura apenas empieza, tú puedes hacer más, tú eres más que eso que te oprime».

Sabías que aunque físicamente crezcamos y desesperadamente queramos ignorarlo muy dentro nuestro yace dormido un niño o una niña, que se siente sola, llena de miedos y frustraciones que no importa cuán rodeados de gente estemos siempre se mostrará inquieto o inquieta en los momentos menos esperados, ante algo a lo cual consideremos adverso. No solo eso, sino que distraídos o quizá drenados de energía por las circunstancias que amenazan por desviarnos de la realidad que deseamos mantener en equilibrio o quizá extendernos para poderlas manifestar.

Creo personalmente que es allí donde debemos apelar a ese poder infinito que se nos fue dado, a esa herramienta creativa de nuestra imaginación, con ello a mi parecer no le hacemos daño a nadie, al contrario, sanamos desde nuestro interior y cuando estemos listos, después de esos momentos sagrados con nosotros mismos solo volvemos a incorporarnos a la cotidianidad con más tranquilidad y con más confianza.

«CREAR NUESTRA PROPIA BURBUJA
NOS HACE CONSCIENTES
DE ESTAR PRESENTES,
DE QUE TODAVÍA PODEMOS ENCONTRAR
PAZ DE UNA MANERA INFALIBLE
Y SANA Y QUE SOMOS MÁS QUE
COCREADORES DE ELLA»

Hoy todavía, como en aquellos tiempos de mi tan desesperada infancia, huyo o más bien me refugio en mi burbuja personal, me refugio en el silencio y me cobijo, tibia y lentamente, con el calor de mi abrazo interior donde me repito suave y dulcemente como en cánticos: «¡Yo soy más que eso, ningún viento que sople en el exterior podrá apagar nunca mi llama interior, mi luz está encendida desde siempre y vivirá para siempre encendida!». Al contrario, mi tarea diaria es y será por siempre extender esa llama hasta el infinito a través de otros con mi aporte y quizá crear juntos una antorcha más que fraternal que ayude a extender más y más ese amor universal.

Hoy a ti, que estás buscando un escape o quizá un sitio donde puedas distraerte de la realidad, te recomiendo que te busques, que te encuentres y te abraces lo más suave y dulce posible, que te repitas suave y dulcemente cuán importante eres para ti y que estás rodeado de amor, paz y armonía y que no depende de nada ahí afuera.

Gracias por compartir este espacio, por coincidir conmigo y acompañarme a mi burbuja, desde hoy compartiremos ese momento de sabiduría y será un hermoso espacio para distraernos de la realidad, donde se pueda beber del elixir de una mejor verdad, recuerda que cada vez que buscas en tus más profundos y recónditos adentros tiendes a encontrar mejores propósitos a esta aparente realidad, moldeándola y recreándola a tu antojo, el huir de ti, te hace que salgas y te confunde dentro de todo lo que hallarás afuera, volver a tus adentros deja que salgas a flote y te sumerjas en un manantial de ideas que tienden mientras más tranquilo y dispuesto estés a llegar cada vez más a la claridad y así sucederá repetidamente hasta que te acostumbres a gozar de tu propia compañía, te invito a que crees la tuya también desde ahora y llenes de color esa burbuja.

Nos atrevemos a pensar en este tiempo donde todo resulta ruidoso, que es casi imposible encontrar paz, así que casi que preferimos o permitimos que fuerzas externas y aspectos en los cuales no tenemos control allá afuera nos dominen, cuando en realidad solo basta con cerrar lentamente nuestros ojos, reseteando nuestro sistema y yendo directamente a ese punto donde realmente nace la vida, así nuestro pensamiento más profundo, nuestro corazón, es allí donde nos devolvemos al principio más básico, al mismísimo templo absoluto de la paz, algunos de los seres que más me inspiraron e impactaron en la vida, sostuvieron un romance eterno con ellos mismos, dejando en claro que la única voz que siempre les acalló e influyó en los momentos de angustia, fue la voz de Dios, su creador, aquel que indiscutiblemente encontraron cuando les susurraba lenta y pausadamente: «¡Haz uso de tu más alto poder!».

Y que aunque les tomó tiempo descifrarlo y aceptarlo, las veces que se sintieron más seguros y poderosos, fueron aquellas donde esa fuerza extraordinaria e invisible de la paz les envolvió, proveyéndoles una seguridad y fortaleza única y fue allí donde cambiaron radicalmente sus vidas para siempre.

Hoy, en pleno siglo XXI, donde cada cual desea ser escuchado, pensando que el grito es el mejor método para lograrlo, nos aturdimos unos a otros erróneamente

173

alejándonos de nuestros principios más lógicos, aquellos que nuestros antepasados nos dejaron impresos:

«TU PAZ ES TU FUERZA»

¿No te ha pasado que cuándo alguien te habla subido de tono, esa energía rebota con la pared de tu paz, de tu silencio, si te encuentra protegido con tu inteligencia en vez de con tu ego?

Si puedes toma nota y verás como pierde su velocidad ya que no encuentra reciprocidad, te lo digo segura de ello ya que a mí me ha pasado y mucho, lo primero que siempre tengo como un mecanismo muy mío y personal de defensa es que no tengo tiempo para desperdiciar, para discutir y más aún de darle más armas a la guerra, dejando muy en claro que cada cual libra su propia batalla personal, cada cual está caminando su propia milla extra hacia una vida mejor y tratando de llegar hasta su más alto nivel de evolución en el bienestar del planeta, si estás leyendo esto quizás no sea por casualidad, yo le llamaría *causalidad,* lo que quiere decir que ya estás preparado y eres uno más de ese grupo de personas que defendemos la paz, aquellos que le quitamos poder al grito, lleva tiempo entenderlo, ya lo sé, pero vale la pena internalizarlo, tu paz representa una parte de ti que te protege, algo así como un escudo o armadura mágica.

Busca paz en el agradecimiento diario, en la sonrisa de un niño o en el simple, pero inigualable canto de un pájaro, si abres tus ojos más a menudo lo verás, si en vez de prestarle oídos al bullicio de afuera, te adentras más a meditar, a orar a olvidar el hecho de que tiene siempre que competir con alguien, lo hallarás, la paz es algo que sucede y se encuentra individualmente, pero desde cada uno puede salir a ser parte de un todo común, recuerda que nadie podrá regalarte ni robar tu paz, si tú no se lo permites, dejemos de darle ese poder a fuerzas equivocadas, hoy y siempre deja de creer que alguien tiene dominio sobre ti, tu Dios es tu fuente infinita y tu paz es y será por siempre tu fortaleza.

La tarea de un escultor es convertir una figura sin forma, en algo hermoso algo digno de admirar, es traer algo de la nada a un todo y darle forma hasta que sea capaz de convencer con su aspecto a los ojos de quien lo creó, de que ya está terminada la obra.

Nosotros somos cocreadores, de nuestra existencia, estamos aquí para convertirnos en escultores, en maestros de obra de este elemento sin forma llamado vida, tengamos o no tengamos experiencia ya tenemos esa responsabilidad, que se nos fue encomendada como señal de confianza en nuestro nacimiento.

No es necesario convertirnos en los mejores, pero el deseo intenso de pasar a otros niveles evolutivos, nos llevará a tomar acción.

Aunque una escultura tiene una forma visual, un tamaño, un peso, un espesor, es más que eso, es una alteración de una realidad, ya que ocupa un espacio que estaba vacío, algo que salió de tu imaginación.

Así que esa, tu obra responderá a tu nivel de creencias, al grado de dificultad que tengas en derribar los muros de los miedos de ese mundo paradigmático que te hayas o hayan creado para ti, pero hay esperanza, la emoción, la alegría, el entusiasmo, el interés de transformar esa idea de tu corazón en algo tangible y real, te llevará a sacarla del anonimato, algo más colorido y emocionante, utilizando tu deseo, la parte de la visualización que se encargará de ordenar los planos para empezar a esculpir, es así que empezaran a salir de tu mente un sinnúmero de ideas, hasta transportarse de una figura amorfa a una real, hecha tal cual para complacer nuestros deseos y así como dijo *Miguel Ángel,* el cual ha sido uno de mis personajes favoritos, cuando realizó una de sus obras más famosas, el *David,* ya cuando su escultura estuvo terminada: «Yo vi la figura en el mármol, así que escarbé en ella hasta liberarla y traerla a la realidad».

Eso es lo que estamos llamados a hacer, cada pedazo de piedra tiene una figura preciosa e inigualable dentro, es la labor del escultor, mejor dicho tu labor, conectarse con ella para traerla a la vida, ayudarla a descubrirse y sacarla de la oscuridad a la luz, no estamos tan lejos, estamos empezando el siglo, un siglo de posibilidades, aunque de muchos retos precedidos por los cambios que se han precipitado por el globalismo, las catástrofes y quizá el inconformismo del ser humano que la mayoría estamos llegando a la mitad de nuestras vidas, sedientos de más, poseemos, además de la inteligencia, la osadía, y ese deseo incansable de marcar un nuevo ciclo en la humanidad, así que te invito a que hagamos uso de nuestro ingenio natural, de nuestro único poder para esculpir a gusto, la obra magistral de nuestras vidas.

Nuestro estado más puro y sublime por naturaleza divina es la abundancia, la felicidad, la riqueza del alma, del corazón del espíritu, un poderoso cóctel de todo lo anterior, más así como la cereza del helado el toque personal de cada uno.

La palabra abundancia está impresa en nosotros desde el primer momento de nuestra existencia, ya que de ser una pequeña e invisible partícula, nos vamos transformando, lentamente en átomos, protones, neutrones, células perfectas y en muchos otros elementos que nos convierten a su vez en el laboratorio más complejo que haya existido jamás, nacemos dotados de esa abundancia que es la base de todo en el universo, dentro y fuera de nosotros representándose en diversas formas, en un suministro infinito e interminable, pero siempre al alcance de todos, hacernos conscientes de esto nos hace salir de las falsas y limitantes creencias de que debemos sufrir para obtener las cosas o, valga la redundancia, limitarnos a escoger, dentro de lo que queremos ya que no alcanzará para más, recordemos que la abundancia está representada, no solo de manera interna, sino externa, solo hay que saber diferenciar para apropiarnos de ella, solo así lograremos valorar las pequeñas grandes cosas que nos brinda la vida, techo, salud, familia, alimentos, ideas y más importante aún: el tiempo.

Todas estas son formas de abundancia que logran duplicarse e instalarse con propiedad en nuestras vidas si aprendemos a respetarlas y apreciar su verdadero valor.

También logramos apreciarla cuando reconocemos que está formada de energía que a su vez se manifiesta en amor.

Una de las más poderosas formas de ser abundante es amar, ya que su energía es tan alta, tan pura que permite que haya un balance perfecto en la naturaleza, de allí viene la otra parte que es la felicidad.

Pero ¿qué es la felicidad?

«LA FELICIDAD ES UN ESTADO QUE TE INDICA QUE ESTÁS PLENAMENTE SATISFECHO Y EN DISFRUTE, EN UN ESTADO PERPLEJO Y DE LLENURA»

La felicidad es un estado interno, privado de un individuo, se puede sentir por otro o por otros, claro está, pero siempre nace dentro de uno, así que la deducción más cuerda sería indicar que estás siendo abundante en espíritu, satisfecho, es un permanente estado de saciedad de bienestar, que hay un deseo cumplido y a su vez un brote de paz absoluta, lo más lindo es que la felicidad es diversa y a su vez es una.

Hay muchas formas de alcanzarla:

- *Ser agradecidos*: aceptando que es un estado del cual puedes entrar o salir cuantas veces quieras.
- *Controlando tus emociones:* teniendo conciencia que somos energía en movimiento.
- *Siendo amables:* sobre todo con nosotros mismos.
- *Viviendo en el ahora:* aquí, en este presente, en este espacio que habitamos, en este que es el único espacio real donde podemos actuar.

Estas pautas te llevarán a otra dimensión, aumentando el nivel de tu creencia y la realización de tu espíritu, te sentirás saciado y satisfecho, pero sobre todo recordarás de dónde vienes y que desde allí, todo es abundante hermoso y perfecto.

¿Alguna ves has observado los árboles?, ¿alguna ves has visto detenidamente cómo crecen las flores, las plantas, como se llenan de hojas sin cesar?, ¿cómo majestuosa se manifiesta la naturaleza cuando en un abrir y cerrar de ojos se pueblan de pequeños retoños hasta formar grandes y hermosas copas que al pasar del viento se estremecen y forman una sinfonía natural y rebosante de abundancia?

Pues te comparto que amo los árboles, soy una amante empedernida de la naturaleza, maravillan las flores que con sus colores y sus formas geométricas nos deslumbran y nos hacen conscientes de la belleza, la forma en que milagrosamente se van formando esas tonalidades inigualables y esas formas perfectamente distribuidas.

Es hermoso ver como todo parece tener otro sentido, otro significado cuando lo vemos con otros ojos, con los ojos reales de nuestro creador, que son los mismos que los nuestros.

Años atrás, cuando no estaba tan consciente y estaba lejos de apreciar mis alrededores como lo aprecio ahora, no me interesaba mucho entrar en los detalles, pero ahora aprovecho cada oportunidad para observar con detenimiento y participar activamente de esa sinfonía.

De hecho quiero compartirte la historia de un árbol, un hermoso y frondoso árbol que está situado muy cerca de mi casa, que cuando llegué a vivir en esa área, era solo un pequeño y verde arbusto adaptándose a ese pedazo de tierra donde le plantaron; ahora, después de más de catorce años, él, mi niño, como cariñosamente le bauticé, está hermoso, gigante y más frondoso que nunca, si pudieras verlo tan valiente, pareciendo que estira sus ramas hacia el sol y sobre todo no tiene miedo de crecer, siempre que tengo la oportunidad le hablo y le agradezco por cada lección dada durante todos estos años, ya que aunque ha sido abusado incontables veces, porque cuando crece demasiado le han cortado algunas ramas y hasta raíces, pero ese niño con su ímpetu y valentía, vuelve y reclama su territorio y aparece con más y más ramas y se le ve más apegado a la tierra que nunca, copo tras copo rebosante de esplendor, si es verdad que algunas veces se muestra con su tronco descarnado por el tiempo, pero si pudieras tocarlo, abrazarlo, sentirlo, lograrías escuchar el canto de la vida dentro de él, el rugido incesante de la naturaleza, que lo rige, que lo sostiene.

¿Qué hermoso, verdad?, lo mejor es que es una historia real, la vivo todos los días, me ha dejado el legado de ser resiliente, la enseñanza de que dejar de crecer, en cualquiera de los aspectos de nuestras vidas, es una opción y se convierte en una misión diaria el defenderla.

Claro que sí, habrá ocasiones en las cuales como al niño, te cortarán las ramas, mudarás tus hojas y hasta te saboteará el clima, pero si te sostienes con uñas y dientes a tus ideales de seguir creciendo, manteniendo una actitud positiva y triunfalista sin importar los aspectos externos, crecerás. Indiscutible e inevitablemente crecerás hasta donde tengas que crecer, lo mejor, ayudarás a los que te acompañan a tu alrededor con tu ejemplo, a aferrarse a la promesa de creer que pueden, créeme son más aquellos que lo notarán y seguirán tus pasos, te lo digo por experiencia, impactarás tu vida y la de tu familia, quiénes serán los primeros que se beneficiaran de tu actitud, de tu determinación, de tu genuinidad y apreciarán el modo en que te has desarrollado, en quién te has convertido y por ahí se irá creando un movimiento, no importa como le llames, el mío se denomina LINALOVE, que te invita a que te ames, que ames lo que hagas, que te muestres tal y como eres, esa es mi consigna, mi consejo con amor hoy es:

Crece sin límites, reinvéntate día a día, deshazte de las capas viejas de la mediocridad, recuerda que eso te hace parte de ese amor propio que es el que estás intensificando ahora, amarte a ti mismo primero y después derrámate en los demás, así es el orden.

♡ **Recuerda** ♡: siempre habrá cabida para crecer y amar, ten siempre presente que el amor es una de las benditas y maravillosas cosas que tiene el poder de multiplicarse y que mientras más la compartes más crece.

Esta frase solo vino a hacer sentido en mi vida hasta que empecé a familiarizarme con ella, el día que dejé de victimizarme y acallé esos egos o más bien miedos, mal fundados en mí, frutos de mis inseguridades de la infancia.

Aprendí que se puede mejorar y aún más cuando hay circunstancias que nos empujan literalmente a ello, las cuales nos prueban la resistencia como cuando se saca de una simple roca una piedra preciosa que sale de la oscuridad para brillar.

No es coincidencia es más bien una consecuencia, de algunos ruegos, o más bien pedidos inconscientes que enviaste desesperadamente al universo y sin saber cómo ni cuándo se fueron manifestando de tal forma que lo ves como el peor de los cataclismos, pero al final fue lo mejor que te pudo pasar, la mejor oportunidad de tu vida y para ilustrarte un ejemplo de ello, quiero compartirte otra historia, otra de las cuales me dejó mi infancia, ya que fue de total impacto para mí, y que todavía me estremece, pero que miro con ojos de agradecimiento y amor, evaluando las lecciones que representó a aquella niña y el despertar que le trajo a esta misma persona que ya está adulta.

No se si te conté que mi padre además de músico era también carpintero, está en mi mente como si fuera ayer, ya que además de crecer arrullada por bambucos, pasodobles, boleros también recuerdo jugar con los sobrantes y las virutas crespas de la madera, los cuales eran para mí y mis hermanos, nuestras pelucas de la infancia, además me estremecían los ruidos de los tornos y la sierras que muchos años fueron una pesadilla para mí, ya que desde allí viene la historia que te voy a redactar.

Eran tiempos hermosos aunque humildes y llenos de emociones, ya se nos había ido nuestra madre, los abuelos, los cuales dejaron un vacío profundo en nuestro ser y después, cuando ya todo estaba aparentemente calmado, tuvimos que pasar por la experiencia de ver a mi padre accidentarse en la sierra y casi que perder su mano derecha cortando un pedazo de madera que se quedó incrustado en el disco cortante, nadie se esperaba una cosa como esa, parecía como una de esas pesadillas de las películas, una prueba más que nos ponía la vida.

¡Uff! Fue terrible esa mañana estábamos casi todos en casa aunque era un día entre semana, no tengo muy claro si estábamos en vacaciones, pero como de costumbre en mi país, de donde soy oriunda, Colombia y más en la zona cafetera, a eso de las once de la mañana se toma un café, así que solíamos acompañarnos por un ratito y después cada uno continuaba con sus cosas, no sé si por fortuna o por cosas del destino, el taller quedaba en la parte trasera de la casa, ese día, él, mi padre, estaba concentrado cortando un trozo de madera aparentemente muy fina, mientras yo, con apenas unos doce años, estaba en el patio de la casa junto al taller, de repente sentimos un grito y un sonido muy feo y estremecedor, la madera se trancó y con ella la mano de mi papá, del susto e impacto del momento la sacó y fueron tres

188

dedos comprometidos, uno de ellos cayó al piso, así que mi hermana María Inés, quien para mi ha sido una de las personas más valientes de este mundo, en ese momento como mi mamá, recogió el dedo y salieron corriendo para tomar un taxi que les llevaría a la clínica más cercana, por fortuna allí trabajaba de planta un médico de renombre conocido por mi padre, quien inmediatamente actuó construyendo cuidadosamente los tejidos, le hizo un trabajo maravilloso, eso refiriéndose a la parte física, así que la próxima parte sería personal, tenía que ayudarse así mismo a sanar, a mentalizarse que aquello era un aspecto momentáneo, una prueba que también pasaría.

Aquello fue increíble, ver cómo gradualmente se fue recuperando, haciendo terapias, muy dolorosas, por supuesto, ¡hizo de todo!, gracias a Dios aunque no fue de un día para otro, él volvió a tocar la guitarra, le salía una que otra lágrima como queriendo desmayar y preso muchas veces del dolor y la frustración, pero no tenia otra opción, no hay muchas opciones cuando eres el único proveedor, estás viudo y tienes cinco hijos para mantener, así que hizo lo mejor que pudo y lo logró. Se preparó, no solo física, sino mental y espiritualmente, se volvió un experto en nuevos tonos, tocaba con más amor y lo mejor, se reafirmó en su fe, también en que su verdadera pasión era la música, su musa y la que por siempre le acompañaría y acompañará sin desfallecer.

Te preguntarás si volvió a su taller de ebanistería, para sorpresa de todos, sí, así que el desafío ya no era solo suyo sino de todos, yo personalmente rechinaba los dientes y me tapaba literalmente los oídos cuando él encendía las máquinas, trataba de estar lo más lejos posible y todos y cada uno tenían su propia preocupación, y yo mientras prefería esconderme lo más lejos posible, el perdió el miedo y las circunstancias le mostraron lentamente que siguiera su camino de la música, que ahí estaría su futuro, hasta el día de hoy, él mismo se cataloga como un artista, músico, poeta y loco, una inspiración para todos los que tenemos el privilegio de aprender de él, todos estamos muy orgullosos de su valentía, pero sobre todo de las enseñanzas que directa o indirectamente nos han ayudado a construir nuestro carácter.

No sé que habrás sacado de esta historia, a mí me sacó lágrimas, día tras día, durante mucho tiempo cuando la viví, no puedo negarte que volví a sentir miedo y dolor recordar aquellos días de tanto sufrimiento, pero me reafirmo en decir que cada evento que vivamos, cada una de esas escenas por crueles que parezcan traen consigo invaluables lecciones que se convierten en maestros y muchas veces, sino la mayoría, en oportunidades.

Pregúntate hoy: cuál es esa circunstancia que estás pasando, cuál es ese tiempo de crisis que te está develando una o quizás muchas oportunidades de mejorar tu vida, fortalecer tu espíritu o a lo mejor, reafirmarte en ese sueño o pasión que estuviste a punto de dejar ir porque lo veías muy lejano, bueno pues aquí te dejo esta historia, espero que te nutra y te inspire de la misma forma que lo hizo conmigo e indudablemente con el resto de mi familia.

Tiempo atrás cuando empecé a adentrarme en este precioso mundo de las letras, veía con admiración a todos esos próceres de la historia, que se mantenían fuera del común denominador, por romper con esos esquemas cuadriculados que ya estaban establecidos y me causó interés como algunos de ellos casi sin querer, fueron llegando a causar, cambios importantes en la humanidad.

Me encanta la palabra cambio, para mí es un término fresco, como ese suave viento que pasa moviendo las hojas de los árboles, el mismo que acaricia mi cabello o como ese calorcito tibio de la mañana, penetrando hasta el alma, no necesita hacer mucho esfuerzo para ello, ¿verdad?

Es algo más o menos así, eso es lo que debemos hacer, convertirnos en inspiración, en hacedores de nuevas estrategias, no por la fuerza, sino por nuestro deseo, reencontrándonos con la felicidad de ser testimonio de buenos resultados, ejemplo de que entre más alegría de vivir tengamos, de esa misma manera y en la misma medida, irradiaremos a nuestros semejantes.

Ayúdate a ti mismo a ser mejor, para cultivarte y sembrarte en la vida de los demás, ayuda a tu vecino o no importa si nunca le has visto, con un simple acto de caridad, de compasión, un saludo, una sonrisa, eso tan simple podría encender el mundo de otra persona, aunque muy a menudo estemos pensando en cosas materiales el simple hecho de mandar amor, elevar una oración por aquellos que están afligidos, por los que han perdido todo, la esperanza, inclusive hasta el camino para llegar así mismos y lo último que un ser humano podría perder, hasta el deseo de vivir, una simple frase como: qué alegría verte, un cuídate, un dios te bendiga, un hasta pronto, simplemente con esos pequeños grandes detalles, te estás propulsando a ser un agente de cambio.

Aunque siempre queremos que todo cambie para cambiar, este momento, este presente, este ahora que atraviesa la humanidad, nos está mostrando que aunque colectivamente estamos adentrándonos a un cambio más profundo, no lo entenderemos hasta que no surja desde cada uno el deseo y el valor de hacerlo.

«PIENSO QUE NO ES EN VANO REPETIR QUE TODO EMPIEZA DESDE UNO MISMO»

Está comprobado psicológicamente que cuando nos repetimos constantemente algo, lo recordamos más fácilmente, por eso no te molestes pensando que ya lo viste en este libro muchas veces o que quizás últimamente lo veas o escuches con más regularidad, no es por accidente, la vida misma te está mostrando, que debes actualizarte, que rectifiques cual es tu verdadera identidad, tu carácter, que salgas del molde, de esa zona de confort, que te incomoda, que más bien moldees tu entorno para elevarlo hasta su *más* máxima expresión.

Siempre me gusta tomar ejemplos sobre todo cuando son sabios, así como algunos elementos de nuestra propia naturaleza.

Me encanta el ejemplo que nos da el agua, ella se moldea y se torna de acuerdo a sus necesidades, líquida, sólida y gaseosa, pero nunca pierde su esencia, esa debería de ser nuestra misión diaria, nuestro objetivo principal, además de levantarnos a ser felices, a vivir intensamente con humildad este presente, este instante que tenemos en nuestras manos, ser posos de alegría y tranquilidad para otros, pero al final mantener firme nuestra esencia.

A estas alturas de nuestras vidas, estoy segura de que como yo has llevado a cuestas todo un historial de viejas vivencias, de lágrimas, de risas, de una secuencia de circunstancias que como a mí, nos sucedieron sacudiéndose en nuestros años de vulnerabilidad, ¿verdad?

Donde no sabíamos, ni tu ni yo teníamos idea de quiénes éramos, no nos pasaba por la mente ni la más remota idea de que a medida que se encontraban experiencias, nos probaban nuestra fortaleza, nuestra inmunidad, pero así como las hojas de los árboles mudan su follaje a través de cada estación, todo sucede tan rápido que perdemos el sentido del tiempo, no sabemos ni cómo ni cuándo sucede todo y mucho menos por qué sucede de tal o cual manera tan inesperada, tan cruda, a tal punto de sentir que estabas en otro mundo, hubo una revolución interna y al final hasta el sol de hoy, no supiste de donde sacaste la valentía, la paciencia y el empuje, estaba en ti, venía desde adentro, muy dentro del alma, ese instinto casi perfecto que te decía, aguanta, soporta, era tu alma que se apropiaba de esa experiencia, para aprender de ella, porque ella sabía, que después de que pasara todo, llegarías a vivir el éxtasis de una vida llena de propósitos, ya que todos los seres de la tierra llegamos con propósito colectivo, pero es importante saber que cada uno tiene el suyo propio.

Venimos a ser misioneros, la misión de cada uno también es única e individual, venimos dotados de eso, de ese ingrediente que el mundo necesita para mejorar, de esa receta casera de sanación, tú tienes la clave en esos puntos más recónditos de tu ser, siempre la has tenido, verás que a medida que pasa el tiempo descubrirás como se mejora tu vida cuando te familiarizas con el camino para llegar hasta él.

Así mirarás como todos esos años que pasaron como un torbellino, como una ráfaga de fuego, solo son eso, años que pasaron, que lo que ayer dolió, hoy hace que sonrías y broten con agradecimiento; en fin, algo bueno y productivo quedó de todo ese embrollo que llegó a complicarte la vida aparentemente, te obligó a deshacerte una a una de todas las capas de tu orgullo, de tu ego y cada una representando una etapa de tu vida que culminaba, solo para que desde ese momento pudieras vivir recordándote hasta dónde podías llegar.

Hoy, después de todos esos años de angustia e incertidumbre, después de cuestionarte día tras día, esa voz más alta, más antigua y más sabia que tú, te confronto para decirte:

Alégrate, que tu periodo de prueba ya pasó, prepárate para la parte más emocionante de tu viaje por la vida, nunca es demasiado tarde para empezar, ¡solo hazlo!, todo pasa por un motivo y tu plumaje sagrado se renovaba para más altos menesteres y mientras tu proceso se adentraba a su madurez, tu mente y tu corazón sanaban, nunca nada más dejará de tener lógica en tu vida y menos ahora que has llegado a la etapa del agradecimiento, ya que no serías quién eres hoy, si no hubieras sido quién eras ayer, todos esos acontecimientos te llevaron a resumir que una de tus armas secretas, siempre ha sido amar, amar sin límite, sin medida, porque dentro de ti sabías que el que siembra cosecha, que al sembrar amor recogemos los más dulces frutos y fuiste valiente para no abandonar tu parcela, en lugar de eso cerraste los ojos y confiaste con tu fe ciega, así que en el fondo solo sabías que tenías que esperar, con calma y sin prisa, apropiándote de la promesa de que lo que es tuyo, lo ha sido y lo será por siempre, en lo único en que siempre te ha insistido la vida, ha sido en el perdonar, ¿qué dura tarea verdad?

Pero si miras con detenimiento te dolía más odiar, hacerlo con o sin nombre, con o sin motivo, sobre todo y todos a ti mismo, a ti que te viste crecer lleno de miedos, quizás en medio del dolor, la escasez y los desafíos que te robaron la inocencia.

Desconocías la palabra ignorancia que significa no saber algo a ciencia cierta, así que suelta la culpa, no es tiempo de llorar ni lamentarse, es tu *momentum*, ya ha empezado un nuevo ciclo y este regalo es para ti, más que para nada ni nadie más, recíbelo, no preguntes, haz como el ciego que volvió a ver y solo decidió agradecer y hacer uso de su regalo, ese eres tú, estabas ciego y ahora ves, alégrate porque en frente de ti tienes un jardín florido y después de esto...

197

«SERÁS TESTIGO DE LOS ACONTECIMIENTOS MÁS HERMOSOS DE LA NATURALEZA, PORQUE RECUERDA, TÚ ERES UNO DE ELLOS»

El tiempo te irá demostrando que eres uno de esos ángeles que Dios designó para venir a servir, era necesario tu calvario, pero no era eterno, nada lo es, inclusive el mismo dolor también se cansa, también pasa, también evoluciona, te agradezco por recibirme este regalo mutuo del perdón, recuerda que si sanas tú, sano yo, a eso vinimos juntos hasta aquí.

Hoy, te libero, te bendigo y te dejo ir con una sonrisa, te dejo mis abrazos para que te cubras y te cobijes con ellos y hoy simplemente te digo, gracias por existir.

Alguna vez te preguntaste: «¿Cuán lejos o cuán cerca estás de Dios?», de ese ser superior que así te dediques a ignorarlo, ¿él no se cansa de llamar tu atención?

Pues así como yo sé que en varias ocasiones te has sentido perdido, aturdido y hasta quizá se haya agudizado más en este tiempo ya que no solo son tus pensamientos sobre ti mismo, sino sobre el mundo que gira a tu alrededor, te preocupa pensar que quizá el mundo se está desmoronando a tu alrededor y tú no puedes hacer nada y te preguntas: «¿Qué tiempo es este?», «¿Por qué a mí?», «¿Es el principio de algo nuevo?».

No importa de qué religión seamos, Dios es bondad, es amor para todos, no conoce de razas, ni edades, ni favorece a pobres más que ricos, ni a ricos más que pobres, así como todos tenemos diferentes nombres, pero al final cuando miramos nuestra composición somos exactos, espíritus andantes envueltos en carne y hueso para transportarnos en este plano.

También estamos conformados de algo mucho más poderoso, más alto y elevado que no tiene comparación, somos pequeñas versiones de grandeza ilimitada porque hasta en eso se preocupó nuestro creador de que fuéramos piezas únicas, pero a su vez que nos necesitáramos siempre para formar un todo, esa es la belleza, así es ese ser majestuoso, que nos dio vida, ¡está ahí para todos!

¿Te ha pasado alguna vez que estás rodeado de gente y es el momento donde te sientes más solo que nunca?

Me ha pasado a mí muchas veces y aunque ese solo deseo de volver a mis adentros, me aterraba y me decía que era cosa de otros, de valientes, me propuse un buen día a buscar más de mi parte más evolucionada, de mi *celestialidad*, de mi origen espiritual, de mi raíz y fue así como en ese momento, el más hermoso de mi vida, que encontré a Dios.

Fue como una manifestación divina, como un rocío de primavera, en ese instante me dije a mí misma:

«¿CÓMO PODEMOS ESTAR TAN CIEGOS ANTE ESTA VERDAD?»

Sabemos de una fuerza más grande e irremplazable que todas las fuerzas, que actúa dentro, fuera y a través de nosotros y aun así ¿tratamos de solucionarlo todo nosotros mismos?

Está dicho que hasta en eso nos dio libre albedrío, la posibilidad de escoger en creer o no creer, exceso de confianza diría yo, esa misma que a casi nunca valoramos.

Qué insensatos somos a veces, pero reconozco que estamos aprendiendo, reconocer no nos hace más débiles, al contrario, nos convierte en sabios.

Con amor te digo y regaló esta frase, frase con la cual llevaba varios días despertándome hasta que decidí, en vez de querer gritar, aceptar la razón por la cual no salía de mi cabeza.

«¡DEJA IR Y DEJA A DIOS!»

La escuché en inglés, pero ya sabía lo que significaba para mí en ese momento, no importa el idioma tiene el mismo significado, lo importante es la forma en que se reciba y se comparta.

Así como nos sucede a nosotros dos, sé que cada día está sucediendo con más intensidad, más de la mitad de la humanidad está atravesando por episodios de confrontación, de angustia, miedo, sin importar qué tan semejantes o diferentes seamos, en lo que más nos encontramos es en que todos sentimos confusión en estos momentos, la confusión es normal, pero ¿qué hay detrás de ello?, ¿cuál es esa la tan urgente e importante conclusión a la que todos estamos urgidos a llegar?

Simplemente de que no podemos escapar de la realidad, de esa que nosotros mismos fuimos creando gradualmente y aunque nos duela todos estamos en este bote, en este mar casi siempre picado de la vida, con mareas inesperadas y olas de incertidumbre, la cosa es que aunque en tierra hoy por hoy sentimos que hay un miedo afuera que camina invisible proporcionando unos escalofríos espantosos y espeluznantes que aunque parezca invisible nos tiene suprimidos de libertad, algunos creen que amarrados en casa otros que a salvo en casa, la realidad es que la sociedad está cambiando ahora, pensemos que para bien, yo prefiero pensar que es un regalo, que es un renacer a cosas nuevas, a soltar afuera y volver dentro, del sitio donde nunca debimos haber salido, pensemos por un minuto que debemos arreglar nuestra casa interna, aquietar la ansiedad de la loca de nuestra mente, orar, meditar, sentir, llenarnos de paz, de alegría y así salir a compartirla con el mundo.

No hay vuelta atrás, esto, amigo mío, está pasando, no es nada nuevo, solo que ahora se nos ha obligado a verlo más de frente, no queremos aceptar que aunque más queramos huir de ella es una cruda realidad, se nos invita a que cerremos los ojos del cuerpo y abramos los ojos del alma, sin quitar la mirada al interior, antes de mirar a cualquier otro lado, sanarnos para sanar a alguien más, cuidar de nuestro templo divino donde habita nuestra grandeza, antes de buscar cualquier otro templo terrenal.

Hoy nos vimos más que obligados a demostrarle amor a quien más lo necesita, a quien más te lo ha pedido a gritos, ti mismo, a ese que veces críticas y prefieres darle la espalda, antes de escucharle, a ese que cuando te miras al espejo muchas veces lo primero que haces es menospreciar su valor, la noticia es que no hay otra salida, volver a ti no es una opción, es la única, tu autoretroceso, momento de evaluación y reparación de nuestro pequeño mundo, de allí ya reestructurados y reencontrados, podremos dar un salto cuántico a un nuevo despertar, por ahora el consejo más sabio es tranquilízate y ora, medita el tiempo que sea necesario, deja vaciar tu alma, abrázate, dejando ir lo que no te pertenece, pero dando el mejor sitio a Dios que es tu mayor benefactor.

Pero ¿qué es el amor?

Te aseguro que como a mí, esa pregunta ya ha frecuentado tu mente.

Muchas veces, pues si es así, te puedo contar que es el sentimiento más puro y eterno que ha existido y existirá jamás, es una emoción que libera más químicos dentro de tu cuerpo que cualquier otro elemento, este puede ser despertado por un ser querido, tu pareja, tus hijos, tu mascota, inclusive me he encontrado con personas que aman las plantas y hasta una joya o una prenda de vestir, es increíble como podemos verlo reflejado en todo y tristemente tan lejos muchas veces de donde realmente debería estar, de nosotros.

«EL AMOR NOS DA VALOR»

Nos sube la adrenalina, nos impulsa, nos catapulta a realizar nuestros logros y algunas veces hasta a volvernos superhéroes como en las películas ya que es una mezcla de valor y control que nos lleva a hacer cosas que nunca creímos capaces de alcanzar, si no mira a una madre como defiende a su hijo, en cualquier especie.

También casi siempre nos saca lágrimas, aunque muchas veces de alegría, cuando nos quiere sacar las de tristeza, no escatima, pero generalmente la invitación más constante es a cambiar.

El amor es como un combustible que nos incita y enciende a vivir, el que generalmente llega sin esperarse, que no conoce egoísmos y que no importa el cómo, el bendito, siempre encuentra la forma de llegar e instalarse.

Del amor se dice que es la plataforma más evolucionada hacia la transformación y no es para más ya que es un regocijo sentirlo como inspirarlo, acelerando el modo en que conseguimos todo lo que necesitamos o que anhelamos, todo lo que deseamos desde un corazón lleno de amor y además de agradecimiento, ya nos indica éxito, nos lleva a encontrarnos con la tranquilidad y no se sabe el porqué, pero neutraliza de una manera sublime toda gota de negatividad.

Nos hace sentir vivos, audaces y con deseos de pasar a otros niveles, es también uno de los elementos básicos de nuestra esencia existencial, todos venimos con sobredosis de amor en nuestros corazones, lo que sucede es que parecemos olvidarlo y muchas veces lo olvidamos cuando chocamos con el mundo una y otra y otra vez.

Personalmente del amor podría escribir eternamente, ya que soy una romántica empedernida y vivo enamorada del amor.

Cuando empecé a escribir o más bien era una idea casi vaga en mi cabeza, me imaginaba que esa iba a ser mi musa, mi idea central ya que es la puerta más fácil para solucionar cualquier situación, el mirarnos con amor baja la guardia y unos ojos llenos de odio pueden transformarse en los ojos más compasivos del mundo contagiándonos con el valor de observarlo todo y reconocerlo de otra manera.

Pero te estarás preguntando: «¿Por qué siendo tan importante para mí, es mi último capítulo?».

Personalmente el último, pero más sabio consejo debe ser como la cerecita del helado, como lo aprendí de una muy querida amiga algunos años atrás, ya que aunque aparentemente pequeño, es capaz de contenerlo todo.

Así que en este orden lo decidió mi corazón, cuando recordé que lo único que me sostuvo fuerte en esos años de aprendizaje fue ese inmenso amor que no me abandonó nunca en todo este proceso ayudándome a neutralizar situaciones y sentimientos de tristeza envolviéndolos en puro amor.

¿No quiere decir eso algo especial?

Lo considero así después de ir haciendo recuento de muchas ocasiones en donde desee con todas mis fuerzas odiar y deshacerme de esa naturaleza de tener un corazón lleno de amor, la verdad es que después de haberlo meditado una y otra vez para permitirme sentirlo y reconocerlo y así dejarlo ir, no pude, ¡no exagero!, más bien sentía una sobredosis de compasión, un cierto aire maternal, así que nunca me imaginé que fuera tan difícil odiar, sobre todo cuando ya viniste con la misión de ser embajador del amor universal, una misión que trae impreso su propio lenguaje en cada célula de tu ser y eso a ti, mi querido amigo, que estás allí al otro lado de estas letras, pero muy cerca a mi corazón, estas letras lo único que quieren hacerte es reconocer e invitarte a elegir entre todas las cosas a que definitivamente hay que amar.

De hecho dentro de las palabras con más vibración, creadas en el universo se encuentra esta corta, pero mágica verdad, esta herramienta poderosa, disfrazada de palabra capaz de alterar las leyes universales, sencillamente porque nos potencia a un estado más alto, más puro y profundo, nos hace sentir más sanos, más sabios, más dignos elevados con una conciencia más pura, con pensamientos más altruistas, con un espíritu más agradecido, soberano y ante todo liberado del ego.

El amor es un neutralizador porque va a la raíz de todo, ya que todos estos años en los que escribí estacionariamente, aprendí a respetar este sentimiento, a reconocerlo por su naturaleza, por la misión que evoluciona con cada uno de nosotros y reconocer también que seres comunes como tú y como yo donde quiera que nos encontremos, estamos predestinados a ser parte del cambio, así que ese fue un momento determinante en mi vida, ese sería mi *motto* desde ese momento, una tarea diaria y más que un estilo de vida desde ese momento, quise convertirlo en un himno, me convertí en embajadora del amor.

Mucha gente me pregunta:

¿Qué hago para mantener un estado de ánimo tan alegre siempre? ¿Qué cual es mi trabajo? Porque a pesar de que tengo conocimientos de arte, de marketing, *coaching*, escritura, decoración entre otros, es lo primero que brota de mi boca. Así como una nota musical, me inspira y me siento feliz de trasmitirlo a viva voz.

Me enamoré del amor desde que aprendí a escuchar a mi niña interior pidiéndolo a gritos, cuando la miré con esos mismos ojos y decidí que esa sería mi misión para con ella, amarla y amarla sin medida, vaciando toda gota de amor que habitara en mí en esa pequeña y solitaria niña que estuvo triste por tanto tiempo, entendí que lo único seguro que esa niña tendría desde ese momento de nuestro encuentro, era mi cuidado, mi amor, protección y sobre todo mi atención, así que empecé a darle prioridad.

Me tenía a mí como primera medida de sanación, así que era un trabajo interno que no sabía lo que me iba a traer, pero no tenía otra opción, así que empecé por dedicarme, más y más ratos de calidad, me abracé y me dije que me amaba muchas veces, llorando, pero me lo dije, cambié por completo mi diálogo, el concepto de *mí misma* y hasta la neurolingüística de mi interior.

Fue así que nada, nunca jamás fue igual, ese fue el principio de una nueva etapa en mi vida, uno de mis más grandes logros y hasta un reto diría yo porque después de la muerte de mi madre y hasta hace pocos años, me sentí abandonada y vacía, con una tristeza inexplicable, así que se necesita valor para ir a el meollo y confrontarlo, aceptando que todo tiene una raíz y a veces es necesario ir hasta allí para localizar el punto desde donde nace y trabajar arduamente en ello para liberarnos.

Sanar, mi querido amigo, no es fácil, pero la intención lleva a la acción y logro, lógicamente, lo estoy consiguiendo.

Hoy por hoy, mi niña interior y yo nos hemos hecho grandes amigas, a veces se me escapa y me invita a ser más feliz de lo normal, pero después de un tiempo se vuelve tan espontánea y natural, que es maravilloso.

Gracias a ese nuevo amor propio decidí hacer cambios radicales en mi vida y uno de ellos fue cortarme el pelo, suena fácil, pero en aquel momento no lo fue, es algo psicológico, más porque siempre tuve una larga y frondosa cabellera que todos adoraban, pero que a mí ya me pesaba toneladas, fue extraño y hermoso a la vez, sentí que era un desafío, sería el inicio de una nueva y esplendorosa etapa, y definitivamente la mejor de mi vida.

Te comparto esta historia porque para mi fue un nuevo despertar, una forma de estar más presente conmigo misma, de prestarme más atención, siendo más generosa al referirme a mi persona, a irme más allá de la lógica para conectarme de una vez y por todas con mi corazón.

Después de que empecé a provocar todos esos cambios y a lograrlos, me hice una promesa, la promesa de cuidarme más y jamás esconderme de nada, me juré que quedaría impresa en el universo y que la cumpliría al pie de la letra, así como se le cumplen las promesas a los demás, mi promesa sería una consigna diaria como muestra de respeto y consideración.

Aprendí que amar es un arte maravilloso, como lo es el de sanar, ya que si sanas tú, estas siendo parte de una sanación más grande, un acto de nobleza casi sagrado para compartir con el mundo.

Así a medida que se han sucedido los milagros en mi vida, mi tarea diaria ha sido compartir, ser un cofre de *buena vibra* para el mundo.

El amor es el ingrediente que más utilizo para todo, el más importante, siempre está presente en mis recetas por sencillas que parezcan y se ha convertido en mi mejor y más fiel amigo.

Me prometí que compartiría por siempre esta receta, todo lo que he utilizado para llegar hasta aquí, bien podrías ser tú o alguien muy cercano a ti que lo necesite así que mantente atento.

Aunque he experimentado amor de diferentes formas, filial a mis padres, hermanos, amor de pareja, amor a mis hijos, etc.

No sería posible distinguirlo si antes no hubiera tocado fondo, aunque muchas veces grité en silencio, grité a la almohada y hasta en el lavamanos lleno de agua, no pude parar hasta que me hice consciente y me dije: «¡Basta!».

Aprendí a ir lentamente abriendo los ojos, los ojos del verdadero amor.

Me considero hoy un poco más sabía, un poco más alquimista, un poquito mejor de lo que ayer fui, con esto no quiero decir que mejor que nadie, pero que ya me he superado en muchos aspectos a mí misma, y eso ya es una gran conquista, ya que estoy aprendiendo a controlar mis emociones que antes andaban como locas sueltas por mi cabeza y lo único que hacían era confundirme.

Ahora, estoy en ese constante proceso de adaptación a esa nueva versión de mi personalidad que renace con el sol de cada día, me dejo fluir en todos los aspectos, aceptando que vengo de una fuente que es perfecta, que esa fuente indiscutiblemente es Dios y que de él proviene la sabiduría que necesitamos para avanzar, ya que es una fuente constante de amor cristalino de donde nos nutrimos eternamente y que todo lo demás se va añadiendo en el camino a medida que se ensancha nuestra conciencia.

Así que como es mi tema favorito, aquí te dejo estas preguntas que puedes contestarte cómo y cuándo tú quieras, que te ayudarán a tener claridad, para que puedas hacerte una autoevaluación sobre el verdadero amor.

🖤 1. Cuando piensas en la palabra amor, ¿te produce alguna sensación?

🖤 2. Teniendo en cuenta que para cada uno tiene un significado diferente, ¿qué significa para ti?

🖤 3. ¿Cómo te sientes cuando te dices *me amo*?

🖤 4. ¿Con cuánta frecuencia lo haces?

🖤 5. ¿Te cuesta expresar esa palabra a otros?

🖤 6. ¿Te gustaría ser un embajador del amor universal?

🖤 7. ¿Estás consciente de que el cambio es inminente y empieza única y exclusivamente por ti? Desarrolla esta pregunta.

🖤 8. ¿Sabes que este libro te eligió a ti por ser diferente? ¿Por qué?

🖤 9. Hazte una frase a ti mismo y compleméntala solo con palabras positivas acerca de ti, ¿te atreverías a decirte por qué estás orgulloso de ti?

🖤 10. ¿Sabes que después de leer este libro y reencontrarte con tu verdadera esencia no volverás a ser el mismo? ¿Por qué?

No te preocupes, todas las preguntas y respuestas anteriores son opcionales, muy personales y quizás muy nuevas para ti, lleva tiempo acostumbrarse, pero todos somos seres humanos al igual que la percepción de lo que es y no es, para cada uno de nosotros, entonces es momento de empezar, de igual manera las respuestas siempre serán diferentes para todos.

Ahora después de este viaje de la vida donde la mayoría de nosotros vamos por la mitad de ella o quizás más, te invito humildemente a reconocerte, a que te apliques una sobredosis de amor diario, que hagas uso del *amorómetro* que llevas dentro, que te creas, creerte a ti mismo requiere coraje, pero vale la pena.

¿Recuerdas que en uno de los capítulos anteriores te hable de escribirte a ti mismo?

Suena todo lo gracioso y quizás ridículo que parezca, pero, si a veces nos quedamos cortos escribiéndole a alguien más, pensamos que no nos fluye nada, para nosotros mismos es el doble de complicado adularnos, por eso muchas veces y ni hacemos el esfuerzo, ¿verdad?

Pero es lindo empezar ese diálogo, halagarte, preguntarte: «¿Cómo te sientes hoy?».

Yo generalmente me escribo, si me he sentido mal por algo que me haya pasado, lo escribo para quitarlo de mi cabeza, si tengo preguntas trato de ser lo más específica posible, escribo todo lo que necesite saber y guardo mi carta dentro de mis cosas, la biblia generalmente, ya que me recuerda mi parte más elevada o debajo de mi almohada, luego, oro, medito y como por arte de magia, yo misma sé que tengo las respuestas.

Después de escuchar esto, ¿crees que tenemos razón en confiar en nosotros?

¡Siempre!, diría yo.

Mi consejo después de toda esta maraña de emociones revueltas, de este encuentro casi inesperado con nuestra propia y cruda realidad es:

«ÁMATE, ÁMATE INTENSAMENTE SIN MEDIDA, INMENSAMENTE Y ACOSTÚMBRATE A SER FELIZ CON ELLO»

Eres único e irremplazable, el amor que posees dentro de ti es perfecto, por eso el mundo necesita más de ti, sobre todo tú mismo.

Quédate con esto:

El amor: ¡¡lo contiene todo!!

Lo que pasó, ¡pesó!, ¿no es así? Eso te está diciendo la vida a gritos.

Si todos somos cofres llenos de amor, significa que estamos llenos de regalos, ¡compártelos!

No necesitas convencer a nadie, solo confía que haces lo mejor y sucederá.

Cultiva la cultura de compartir en tu vida, es una poderosa semilla, ya verás que los frutos son jugosos, no lo olvides.

No necesitas aparentar ni engañarte, ni a ti ni a nadie, el amor, no es una imposición, más bien es una opción, suave y puro como el agua, solo se tú.

Recuerda que el amor es la única cosa milagrosa que mientras más lo compartes más crecerá, no tengas miedo de amar.

El amor es una caricia divina que se expande a través del universo, a través de ti, tienes la obligación de dejárselo de legado a tus próximas generaciones.

«YO PERDONO A TODOS EN MI PASADO,
POR TODOS LOS ERRORES RECIBIDOS,
LOS LIBERO CON AMOR»

LOUISE HAY

De esta hermosa, pero *poderosa aventura* son muchas las cosas con las que podremos concluir, entre las más importantes podríamos destacar estas:

1. La vida siempre nos traerá situaciones en las cuales nos sintamos atrapados, débiles y quizás derrotados, decidir rendirnos sin afrontarlas y a veces por falta de conocimiento, así que es opcional.

2. Cada ser, de manera individual, está afrontando sus propias batallas, muchas veces en silencio, ponernos en sus zapatos, nos traerá más entendimiento y claridad para adaptarlo a nuestras propias vidas.

3. Por más que queremos separarnos de nuestra parte divina, alejarnos de nuestra espiritualidad, ella siempre representará nuestra parte más noble, más pura y profunda, algún día no muy lejano tendremos que enfrentar nuestros retos y apelar con humildad a ella, tener claro que Dios es infinito y que somos pequeñas extensiones de él nos lleva a conectar más con nuestra verdadera proveniencia.

4. La niña o el niño interior está sediento de amor, de comprensión, de un regazo donde descansar, de palabras de amor y cariño, volver a esos adentros más

de seguido, le dará seguridad, será un hermoso y mágico viaje, recuerda que tus próximas generaciones te lo agradecerán.

5. Ser diferente no te hace menos, ni más que nadie, solo te hace auténtico, nunca pierdas tu autenticidad, tu pasión, ni apagues tu voz, por críticas o aspectos externos, eres único, así que ser valiente, defendiendo tus ideales, te hará salir paulatinamente de la mediocridad.

6. Ser optimista, llevar siempre un objetivo más elevado en mente nos activa la visión altruista dentro nuestro, salir del común denominador, de ese status quo, solo te está demostrando algo, tu liderazgo natural, tu empuje y tu capacidad para cumplir cabalmente tus objetivos.

7. Nuestros pensamientos son únicos e individuales, son manifestaciones de la energía divina que fue depositada en nosotros, esos pensamientos, bien sean positivos o negativos, nosotros somos responsables de la manera en que les permitimos afectar nuestra vida, así que lo más sabio y sensato es cuidar de esa conexión con dicha fuente, es una prioridad y no una opción como a veces parece, así que todo depende de ti, de hecho siempre ha sido tu poder escoger.

8. Si cambias tu forma de pensar cambiarás tu vida.

9. Aprende de las lecciones que, indirecta o directamente, te da esta vida, viniste aquí para aprender, no solo para vivir por vivir o como diría mi abuelo: «¡Venir, sacar de aquí lo que pueda y ya!» No, no, no es nuestra misión, esta lección va más allá, tus próximas generaciones dependerán de ese legado emocional y quizás material por el cual estés dispuesto a trabajar hoy.

10. La vida te está llamando, te está invitando a que te liberes, a que sanes de una vez y por todas, que sueltes esas cargas y que te hagas a la idea de que los cambios son tan necesarios como inminentes, que son como el aire que respiramos siempre en movimiento, que tengamos más confianza y que fluyamos, aceptando que estamos aquí solo de paso para evolucionar, todos tenemos un turno y este, mi querido amigo, es el nuestro.

11. Recuerda siempre que Dios, fue, es y será el mismo, que lo único que cambia es la percepción que tengamos de él, que te eligió a ti para mejorarte y sacar a flote tu verdadero potencial. Es hora de dejar ir el miedo y aceptar que eres y será parte de este movimiento de transformación por el cual atraviesa el planeta, que tus dones y tus talentos se afianzan y crecen a medida, que confíes en él, examina tu fe, no estás solo, no lo has estado, ni lo estarás, eres una gota de ese mar de luz de donde viniste, siente orgullo del ser en que te estás convirtiendo y vive intensamente.

12. Apela al amor, recuerda que es este la base principal de tu existencia, el elemento básico de toda ecuación. La naturaleza nos enseña con ejemplos, vibrar en amor paz y armonía con lo que nos rodea, nos hace más sabios.

Escritora, *coach*, inspiradora, conferencista, empresaria, emprendedora.

Estudió Marketing y Publicidad en el Colombo Europeo de Pereira (Colombia), después de emigrar a Reino Unido se dedicó a enfocarse en su gran sueño que ha sido siempre la escritura y el liderazgo para mujeres adquiriendo estudios como el *coaching* para la felicidad, marketing emocional y todo lo relacionado con el crecimiento personal, la autoconfianza y autoestima.

Actualmente se encuentra desarrollando sus propios programas ayudando a un sinnúmero de personas en el proceso de encontrarse a sí mismas, a reconocer la importancia de sanar e identificar la divinidad de su niño interior para así retomar el deseo de vivir a plenitud, reconectándose con sus más elevados propósitos.

Hoy en día se encuentra impulsando programas y técnicas de la nueva era de su propia creación, tales como la *amorología* y *alegrología* práctica, las cuales aplica con cariño y éxito, Poderosa aventura al centro de tu ser, es una muestra de ello.

Querido amigo:

Espero desde lo más profundo de mi ser que hayas disfrutado de mi compañía por todo este tiempo, que te hayas bajado motivado de esta montaña rusa de emociones y que podamos coincidir y reencontrarnos muy pronto para emprender nuestra próxima aventura.

@linalove_x

Si deseas adentrarte un poco más en el mundo de:

PODEROSA AVENTURA
AL CENTRO DE TU SER

Mis próximos libros y algunos de mis próximos eventos, programas, servicios o el método que utilizo para mi trabajo, visítame en:

Mi web: http://www.linapulgarin.love

Instagram: @linalove_x

Facebook: linalove

YouTube: Lina Love

Te invito a que me hagas una reseña de este libro, como te ha parecido y si ha hecho algún efecto en tu vida de una manera positiva.

También a que me menciones en las redes sociales, sácate una foto y compártela, de esta manera seremos más cada día los que formemos parte de esta comunidad y podremos integrarnos para el cambio y trabajar en familia.

Suscríbete a mi *newsletter* :

Deja tu *e-mail* y si crees que de alguna manera te puedo ayudar en el encuentro contigo mismo, no dudes en ir a mi página y acceder a treinta minutos de conversación totalmente gratuitos.

Para estar al corriente de mis próximas actividades, videos, consejos para la vida, recibir contenido exclusivo sobre temas de desarrollo personal, en terapias de hablar, vuélvete a querer y a estudiar las fórmulas para ahondar en el amor a ti mismo a través de la *Amorología* y *Alegrología*.

Recuerda siempre que el amor es la clave.

¡Gracias por coincidir!

«EL AMOR ES LA CLAVE»

Lina Pulgarín

Made in United States
North Haven, CT
06 August 2022

22271147R00124